标杆精益系列图书

创 新 工 厂

［法］吉勒斯·加雷尔（Gilles Garel）
［瑞士］艾尔玛·默克（Elmar Mock） 著

余 锋 王 妍 译

机 械 工 业 出 版 社

本书是作者多年管理、创新经验和理论体系的总结。书中通过浅显易懂的文字，介绍了创新的特征、创新的行动方法，实现突破式创新的 C-K 理论，展现了创新的全过程，并通过详实的案例描述了如何实现突破式创新，以及企业在实现突破式创新过程中所需要的组织架构与创新人才。书中分享了许多创新的技巧和诀窍，对我国企业的创新活动可以起到很好的借鉴及补充作用。

本书既可供企业负责人、管理层、技术人员使用，又可供对突破式创新感兴趣的人员阅读。

北京市版权局著作权合同登记　图字：01-2016-4513 号。

图书在版编目（CIP）数据

创新工厂／（法）吉勒斯·加雷尔（Gilles Garel），（瑞士）艾尔玛·默克（Elmar Mock）著；余锋，王妍译. —北京：机械工业出版社，2023.7

（标杆精益系列图书）

书名原文：The Innovation Factory

ISBN 978-7-111-72671-5

Ⅰ.①创… Ⅱ.①吉… ②艾… ③余… ④王… Ⅲ.①企业创新-研究 Ⅳ.①F273.1

中国国家版本馆 CIP 数据核字（2023）第 031567 号

机械工业出版社（北京市百万庄大街 22 号　邮政编码 100037）
策划编辑：孔　劲　　　　　　责任编辑：孔　劲　李含杨
责任校对：梁　园　张　征　　封面设计：张　静
责任印制：单爱军
北京联兴盛业印刷股份有限公司印刷
2023 年 8 月第 1 版第 1 次印刷
169mm×239mm · 7.5 印张 · 145 千字
标准书号：ISBN 978-7-111-72671-5
定价：59.00 元

电话服务　　　　　　　　　　网络服务
客服电话：010-88361066　　机 工 官 网：www.cmpbook.com
　　　　　010-88379833　　机 工 官 博：weibo.com/cmp1952
　　　　　010-68326294　　金　书　网：www.golden-book.com
封底无防伪标均为盗版　　机工教育服务网：www.cmpedu.com

献给

"当你感觉整个世界似乎都在和你作对的时候，别沮丧。记得飞机起飞时也是逆风飞行，而不是顺着风的方向。"

——亨利·福特

进行突破式创新绝非易事，难度与训练一头座头鲸飞翔或训练美洲鹰游泳相仿。谨以此书致敬那些甘愿冒险的人们。

翻译《创新工厂》纯属偶然。财务领域充满规则，最常见的是通用会计准则，似乎与创新的天马行空格格不入。当我拿到《创新工厂》的英译版并用国庆假期一口气读完时，却突然发现世间万物的"道"是相通的。就像财务之道是资产管理；精益之道在于消除浪费；而创新亦有道可寻——书中详细阐述的C-K理论（概念—认知理论）。

通过翻译这本书，我经历了对创新从陌生到熟悉的过程。本书由两位作者合作撰写。一位是突破式创新的实践家艾尔玛·默克，他是斯沃琪手表的发明人，在离开斯沃琪集团后又成立了自己的创新狂公司，书中的多个案例均来自默克公司的实际发明。另一位作者吉勒斯·加雷尔是大学知名教授、C-K理论的践行者。两位大师珠联璧合地将创新，特别是突破式创新从理论到实践、从心境到组织、从展望到激励娓娓道来。

翻译的乐趣在于可以自由地将原作者的想法用自己舒服的表达方式表达出来，有时候就是一种再创作的过程。比如，将作者原来的表达"没人能在高速路上采到松露"译为"不要缘木求鱼地搞创新"。

感谢余锋先生介绍给我这本有趣的书，并促成我坚持完成九万多字的翻译工作。近两年领导跨部门创新项目的实施，让我对《创新工厂》一书有了更为深刻的理解。这个世界从来不缺少新奇的想法，难在将想法变成原型，不断优化，通过工业化的量产，被用户广为接受，并转换为实实在在的业务收入。而《创新工厂》通过斯沃琪手表和其他经典发明，手把手地教会我们如何将这一切落地。

由于水平有限，加之时间仓促，翻译中一定存在不足之处。希望在此抛砖引玉，致敬大师，并和感兴趣的读者们一起学习分享。

王　妍

生活中充满了不期而遇和不解之缘。早在 2008 年，我邀请艾尔玛·默克来洛桑大学做一场关于创新的演讲，自此开启了我们的定期交往。在同一年，我有幸发现吉勒斯·加雷尔的关于突破式创新的著名理论，即 C-K 理论（概念—认知理论）。于是我撰写了一篇关于该理论在信息系统领域研究应用的文章，自此，在我和博士生们的研讨会上，每次都会提到 C-K 理论。

我从来没有想过一位发明家和一位研究者能够走到一起。艾尔玛·默克发明了斯沃琪手表。这款手表的诞生对整个手表工业具有划时代的伟大意义。之后艾尔玛·默克又成立了名为创新狂（Creaholic）的创新公司。它的组织和运转使那些初始的创新解决方案得以产生并实现。吉勒斯·加雷尔致力于 C-K 理论的试验和传播。C-K 理论由一系列理论框架和创新流程组成。它解释了如何将想法、直觉、发现、梦想等与真正的科技和商业可行性相结合以促成创新。

当艾尔玛·默克发明了斯沃琪手表并创建了创新狂公司的时候，他还没有意识到自己正下意识地应用了 C-K 理论。当吉勒斯·加雷尔采纳并传播 C-K 理论的时候，他也没有意识到斯沃琪手表的发明过程其实是对这一理论的完美诠释。正是由于他们的相遇，他们才能够以和谐、创新、时尚的方式分享他们的想法，这无疑会激起读者的好奇心。

亲爱的读者，我强烈建议你们去探索尘封在斯沃琪手表历史中的创新神话。在探索和思考的过程，时而满怀憧憬，时而又脚踏实地，但这正是创新的两面性。这是一本读起来很有趣的书。本书的第 2 章，通过斯沃琪手表的故事全面阐述了 C-K 理论。在本书的第 3 章，关于 C-K 理论的实战案例全部来自创新狂公司的最新创意。两位创新大师珠联璧合，为读者倾情分享。

通过阅读所有章节，我们会对两位大师的天赋充满敬佩。艾尔玛·默克擅长用易于理解的比喻同读者分享他的方法、愿景和成就。比如在本书的第 4 章，他用水的三种不同形态，即气态、液态和固态来举例，对创新环境和心境进行了直观描述。吉勒斯·加雷尔则热衷于理论构建，他用几近完美的案例来为读者诠释他的理论。

艾尔玛·默克不仅是一位发明家，还是一位企业家。他管理和经营的创新狂公司被他称为"创新合作社"。在本书的第 5 章，艾尔玛·默克通过他最喜欢的《女酋长》的故事，让读者信服他的企业管理规则。

本书的最后一章，通过对互联手表的关注和反思，两位作者饶有兴致地邀请读者一起畅想未来的手表。C-K 理论是打通创新渠道的有效工具，这是本章所传递的根本信息。

好好阅读本书，可以让自己陶醉于斯沃琪手表的传奇故事，惊叹于 C-K 理论，通过比喻，了解创新的不同形态，明白女酋长是如何管理家族的，当然还有重新发明手表的呼吁。

伊夫·皮尼厄

瑞士洛桑大学教授

伊夫·皮尼厄，比利时那穆尔大学博士，1984 年至今任瑞士洛桑大学教授，佐治亚州立大学、英属哥伦比亚大学、新加坡国立大学及蒙特利尔 HEC[⊖]客座教授。与亚历山大·奥斯特瓦德一起撰写了国际畅销书《商业模式新生代》[⊜]。该书系统地阐述了公司发展的愿景，游戏规则的转变，以及面临的挑战等，并被翻译成 35 种语言在全球出版发行。2014 年，他们再度合作撰写新书《价值主张设计》。该书系统地阐明了如何开发新产品和服务，以及如何满足客户需求等。他们在全球 50 位最有影响力的商务思想家中名列第十五名，并于 2014 年荣获战略奖。

⊖ 蒙特利尔 HEC 创建于 1907 年。是一家以法语为主的、培养国际上著名的管理教育和研究的大学。该大学位于加拿大蒙特利尔。—— 译者注

⊜ 《商业模式新生代》和《价值主张设计》的中文版都已经由机械工业出版社出版发行。—— 译者注

前 言

最近几年，"创新"和"创造"在各个领域风靡一时。许多人在讲突破式创新，尽管他们可能根本不了解其中的含义。能否有一种行之有效的工具来帮助他们理解什么是创新及怎样实现创新呢？

本书将解释如何实现突破式创新及围绕突破式创新的诞生需要什么样的公司治理结构。实际上许多读者特别想发现创新工厂是怎样来管理创新的。与此同时，他们也好奇公司怎样能够保留创新人才。如果你能解决以上问题，那么你将能实现更快、更频繁的突破式创新。在本书中，我们描述了创新的整个过程，你会发现创新其实也没有你想象中的那么复杂。

本书献给所有想要承担风险并甘愿为此付诸行动的人们，无论你是管理者、老板，抑或学生。本书适用于所有思考未来，有理想又不甘心重复度日的人们。本书的两位作者本身就是最好的证明。他们有着完全不同的职业经历，却为同一目标而合作，为我们带来最好的关于发明创造的经验和理论。一位学者和一位企业家分享他们在管理、创业和创新领域的广泛经验，而且不仅仅是知识的分享，更是仿生学和知识库的搭建。创新的艺术性涵盖了多文化的特征。为了让创新之花得以生长，还需要跨领域的滋养灌溉。在本书的第2章也讲述了被尘封已久的斯沃琪手表的传奇故事。

本书的作者旨在用最简单的概念和术语阐述诸如概念—认知理论，即 C-K 理论。瑞士企业家和法国教授一起分享了他们几十年来的经验。他们提供的关于欧洲的创新愿景势必也对中国⊖的创新领域有所裨益。

创新并不仅仅意味着吸引天才。对天才亦有疑问：创新者怎样才能保持持久的创新激情和活力，所以本书旨在提供创新的行动方法。著名的例子就是在1986 年成立的创新狂公司，这家成功的瑞士创新工厂由三十位职业发明家组成。本书将通过创新狂公司的真实案例帮助读者了解突破式创新意味着什么。感谢作者使用比喻的方法，让每个想法和概念不仅通俗易懂，还令人印象深刻。

本书旨在将经验丰富的学者和一系列企业家们分享的创新激情和经验相融合。特别是他们在一次次创新中对流程和理论的理解。教授和发明人搭建了团队来分享技巧和诀窍给对突破式创新感兴趣的人们。

⊖ 中文版将面向中国读者，所以将原著的北美改为中国。——译者注

致　谢

　　如果没有我们的创新家朋友们，这本书几乎不可能呈现。他们是斯沃琪手表之父恩斯特·托马克，市场幕后英雄弗朗兹·斯伯特，受人尊敬的手表专家和新闻记者卢森·楚伯。他们都对本书的历史陈述做出了贡献。还有为数众多的亲密同事们对本书的出版提供了有价值的建议。他们是创新狂公司（位于瑞士比尔的创新工厂）的马赛·阿史里曼、安德烈·克罗分斯坦和克里斯托弗·伯格。我们还特别感谢马里奥和居伊（来自创新狂公司）为本书做的图解和格拉哈姆（美国）为本书所做的令人耳目一新的封面设计。还有伊夫·皮尼厄教授，真正探索突破式商业模式的专家，真诚地感谢他为本书撰写序言。感谢法国的巴黎科技团队，特别感谢阿曼德教授、帕斯·卡尔曼森教授和伯努瓦·威尔教授。感谢他们让我们能以自己的思考方式撰写本书。当然由于作者水平有限，书中难免有不足之处。

　　最后，让我们由衷地感谢我们的家人，特别感谢伊莎贝拉、海伦和玛莎博莱克。感谢她们细致、尽职和智慧的审稿。

吉勒斯·加雷尔

艾尔玛·默克

职业发明家怎样工作？在创新工厂中概念和认知如何互相影响？设计者如何思考问题？职业发明家如何组织开展他的日常工作？本书通过一些切实可行的实际案例来回答这些问题。你将第一次听到斯沃琪手表的两位发明人中的一位亲自讲述斯沃琪手表发明背后鲜为人知的故事。尽管突破式创新困难重重而且难于复制，但还是有不少潜在的发明家。本书给作者一个机会来和读者一起分享他们关于突破式创新管理的心得和体会。

吉勒斯·加雷尔

法国国立科学技术与管理学院创新管理教授，巴黎综合理工学院教授，Cnam 创新公司研究员，曾任加拿大渥太华大学教授。

艾尔玛·默克

艾尔玛·默克在年仅 26 岁时即成为著名的斯沃琪手表的联合发明人。1986年在瑞士比尔市成立了自己的创新工厂，即创新狂公司。他的名字作为发明者出现在 150 多个同族专利中。

艾尔玛和吉勒斯经常在各种会议和行业活动中发表演讲。

目 录

第◆1◆章

不要缘木求鱼地搞创新

本书是一位多产发明家和一位学者合作的结晶。前者在创新领域做出了杰出贡献，后者在过去30年里经历了许多创新课题的研究。艾尔玛·默克（Elmar Mock）是斯沃琪（Swatch）手表的联合发明人，同时也是瑞士比尔市创新狂（Creaholic）公司的创新家和联合创始人（见第5章）。吉勒斯·加雷尔（Gilles Garel）是法国国立科学技术与管理学院和巴黎综合理工学院的教授。他们两人的共同之处是对创新满怀激情，不仅理解了创新的需求，而且渴望搭建一个能为人们广泛接受的颠覆式创新流程。艾尔玛·默克为此决定要冒险打破常规。

那么你怎样改变你思考问题的方式？怎样产生许多天马行空的新点子？你怎样来创造新产品？打个比喻：没有人能在高速公路上采到松露，你只能在无人踏及的地方找到它们。如果你另辟蹊径，你最终会实现创新。虽然这看似是个非常简单的道理，但你怎样找到正确的道路并坚持到底，则是个非常复杂的问题。这涉及你怎样从若干相似的道路中选择你出发的方向并坚持到底？当然，创新不能简单地比喻成采松露或者挖金块。你可以另辟蹊径地寻找新概念、演绎和发明新产品，就像有幸采到你不熟悉的各种各样的美味"松露"。当创新市场化后，你怎样建造一条高速公路让你跑得比其他人都快，并且还能进行持续创新？当几家公司在同一条道路上时，你必须跑得比竞争对手快，这就是为什么你不得不进行持续创新。因为光靠传统的训练方法你最多只能进入比赛，但绝不可能赢得环法自行车大赛的胜利。

1.1　创新才是发展的出路　◀◀◀

虽然从长远发展看，所有具备竞争力的公司都有（或应该有）创新的需求。但是由于创新本身存在许多风险和不确定性，故很多公司对此还是非常谨慎。这些风险不仅来自财务方面，还来自其他哲学层面。因为你不得不接受一定程度的不确定性和可能性。创新的结果可能和最初的计划大相径庭，甚至可能完全失败。面对这些担心，改进似乎比创新更受欢迎。即使很多人信誓旦旦地说要创新，实际上绝大部分人还只是在追求改进。每个人都梦想变革，但其实他们做的仅仅是改善。

战略管理研究可以解释领导者的行为：即使没有清晰的参照物，也可以通过模仿别人前进。就像在浓雾弥漫的天气里，你完全看不清前进的路线，于是你跟在所遇到的第一个人的后面。因为有他们领路，你觉得安心。但这意味着你正走在正确的道路上吗？如果每个人都跟在别人后面，结果就是我们都在原地打转。创新者拒绝这种处境，他们打破常规，不断变通，通过改变周围的一切以实现突破式创新。所有这些都是为了挑战旧秩序，建立新规则。创新者不走寻常路，冒险去变革（见表1-1）。

表1-1　演进—变革

演进	变革
控制	创新
开拓	探险
改造	创新
已知	未知
改善	转变
知道	修正
分解	扩大
渐进	激进
常规	突破

1.2　当代创新的特征

历史清晰地表明创新一直存在。早在古罗马时期就曾达到"社会、民事和军事技术的完美融合"［埃卢尔（Ellull），1990，第27页］。西多会修道院利用水力磨粉机的方式，通过有组织的集体生活方式和网状的劳动分工，用现代术语来描述就是"互联"领域（a connected territories）。文艺复兴时期的威尼斯，第一次真正通过了立法导入和承认了发明的独占性，正是这个时期出现了"设计"这个术语。但是用最精确的、比较现代的方式阐述"设计"这一有组织的活动，包括从概念到开发再到生产的全过程，则发生在 200 年前的工业革命时期。了解这些历史，可以帮助我们发现今天创新的起源和轨迹，同时让我们相信当代创新并不是一个崭新的概念，它包括具体的、意义深远的特征。接下来，我们用三个案例来研究创新的特征。

首先，当代创新非常密集［勒马森（Le Masson）、威尔（Weil）和赫琪尔（Hatchuel），2006；班鸿兹（Benghozi）、查路·杜波克（Charue-Duboc）和米得勒（Midler），2000］。

过去创新只发生在很小范围内，如今创新无处不在。过去创新仅和某些行业、技术、市场和特定传统相关。在这些领域，创造者和设计师有他们的一席之地，他们的地位、财产和工作方式被广泛认可。如今，创新虽然已经涉及所有领域，但却变得更加抽象。没有一家公司敢说自己已经足够创新，创新的概念依然模糊不清。

过去创新不但稀少而且异常艰难，现在创新变得更加频繁。以前创新经常和新公司创立联系在一起，创新之后会有比较长的稳定期，在稳定期内很少面临什么挑战，然后还有长时间的改进空间。但是，在如今全球化的市场里，任何一个好点子都会很快被抄袭。在这种情况下需要新的管理体制，即有效地管理密集创新的竞争项目，销售收入的增长多半源自于新的管理体制下日益稀少的创新。但是在市场中，好点子永远供不应求。运用这种"稍纵即逝"的管理战略，让自己成为第一个在市场中提供创新产品的发明人变得尤为重要。这些创新产品将代替现有的（包括我们自己的）产品，来满足一直不断变化的客户需求。所有这些发明必须在竞争对手和供求关系再变化之前完成。自石油危机以来，西方世界的社会经济环境已经发生了剧烈变化。这在一定程度上促进了创新战略的发展和实施。现在的企业仅询问客户的需求是什么是远远不够的，还要成为第一个满足他们可能需求的人。由于市场反应不能完全被预测到，有时你不得不"花钱请人去预测"。因此存在重复开发上市，许多创新产品的生命周期也在缩短。这些新产品和服务产生的利润从本质上涉及当代创新的第二个特征。

创新的第二个特征指的是当代创新带来的对自身属性的破坏程度。实际上，在很多行业，密集创新造成了产品和服务的重复危机［勒马森（Le Masson）、赫琪尔（Hatchuel）和威尔（Weil），2006］。通常，任何事物的属性都和下面三个因素相关，即谁用它，谁分销它，以及谁在让它持续运转。以我们都比较熟悉的瓶子、银行、汽车或酒店的属性为例，每当我们看到它们或者想到它们，我们很快就了解了它们。但是它们也不是一成不变的，它们的身份特征可以部分地或者彻底地被改变。传统竞争就是在一些参数标准上进行创新。比如提高产品的性能，以更快、更便宜、更小、更安全的方式提供产品或服务。然而在很多行业中，由于面临科技持续进步的压力，产品的属性已经变得不那么确定。在这个时候去改进它，恰恰带来了新的社会价值、新的规则和新的低成本竞争对手。移动产品很好地诠释了这种产品属性的不稳定性。首先，信息技术的发展改变了电话和移动电话的功能，接着改变了照相机的功能，然后照相机反过来又颠覆了智能手机。就像手表自从 15 世纪以来就一直可有可无地存在着，但是直到最近却变成了一个可移动的图书馆。那么，今天的手表、智能手机和电视机的功能是什么呢？食品和药物之间的边界到底是什么？免费的报纸还是报纸吗？太阳马戏团还是马戏团吗？鲍里斯自行车（一种共享自行车）还是自行车吗？当斯沃琪公司在瑞士用塑料生产大批量的手表时，成本比我们现在知道的还要低 60%，那么它还是和其他手表一样的手表吗？我们都知道风筝是在天上飞的，那又是谁把它应用在水上的呢？风筝冲浪借用了冲浪、滑板和风筝的一些特征。不要忘记 iPhone 在 2007 年发布的时候，它彻底颠覆了移动电话的特征，它不仅是一部电话，还是新闻报纸、银行、音乐魔盒、登机牌，抑或是一部百科全书。智能手机不仅是我们出门在外能打电话的玩意儿，它现在更变成了多功能、多任务的物件。甚至连生产它们的品牌商都不能完全明白它们到底有多少用途。因为它们最终的功能由独立开发商来决定。这些开发商基于不同平台和设计规则开发出了无数的应用软件。

我们现在都知道汽车、手表、椅子、电话，或者在宾馆住上一夜意味着什么。但是有一群设计者正在重新定义这些东西的含义。你该怎样去管理这些创新设计活动呢？你怎样去改变这些物品的身份特征呢？毫无疑问，重新定义和运气没有关系，因为奇迹不会自动发生。无论现在还是将来，创新的开发依赖于公司拥有能想象出深藏在我们周围的产品、服务和流程背后属性的能力［勒马森（Le Masson）、威尔（Weil）和赫琪尔（Hatchuel），2010］。然而，拥有这种想象力的公司少之又少。毕竟西方的科学、技术和管理文化是建立在对产品自身特性的持续改进之上。

最后，当代创新通常是集体合作的结晶，自然也是开放的。没有人能独立实现创新，也不太可能以特别小组的形式实现突破式创新。当代创新常常是竞争公司之间大范围合作的结果，比如 ITRS 和半导体行业。创新发生在客户与供应商之间的合作［麦尼克（Maniak）和米德勒（Midler），2008］，甚至是客户与公司之间的合作。在过去几年里，"开放式创新"变得越来越流行，形成有助于进一步促进这一趋势发展的倾向［切萨布鲁夫（Chesbrough）⊖，2003］。比如，在生物技术领域，IBM 是世界上拥有专利最多的第八大公司。汽车工业和通信行业一

⊖ 亨利·切萨布鲁夫——美国加州伯克利大学汉斯商学院"开放式创新研究中心"主任。切萨布鲁夫主要研究技术管理和创新管理。他最著名的专著是《开放式创新：从技术获取和创造价值的新规律》一书。该书中文版已由复旦大学出版社出版发行。——译者注

起合作开发嵌入式在线数据处理系统。甚至有些公司设立"知识代理人"的岗位，目的是把传统看似无关的知识领域融合在一起［哈加登（Hargadon），2002］。与此同时，在过去几十年里，知识的移动性一直在增长，比如数以千计的开发者在全球性的平台上协调工作，进行开放式源代码的开发。

自 15 世纪出现工业制造以来，很多公司已经重新变革了自己。面对我们刚刚介绍过的挑战，识别组织、思考流程、制定业绩标准和创建商业模型对企业的生存和发展至关重要。因为这些才可以让企业设计出改变自身属性的产品，并实现其商业化。

1.3 从创新概念到促成发生

如果创新是创新活动和活动本身两者互动的结果，那么本书很明显就是从活动视角出发，称之为"持续性创新"。

从广义来说，创新是为客户、消费者、创新源头的实体或者公司创造价值的新方式。传统的创新定义来自于工业经济领域，包含发明、创新和传播（见表 1-2）。

表 1-2 创新的传统定义

发明是通过想象把技术方式、财产或者新服务达成想要结果的一系列活动。

创新是转化成产品或服务的发明，而且该产品或服务已经市场化，或者已经应用到社会中；创新使发明得以传播并社会化。

传播是一个过程，用来描述、解释采纳创新，以及创新是如何被大多数人接受并获得的。

很多发明没有转变成创新，是因为它从来没有被传播。要么因为它没有用处，要么因为它不满足用户或市场的需求（比如不具备有效的商业运作模式，或者一开始就困难重重，缺少资源）。

如果我们认同这些传统定义，那么我们必须承认发明发生在创新之前。因此，创新是发明的结果，而发明是可以被测量、认证和观察到的。通过这些定义，我们明白创新不胜枚举。但是"对于某些特定情况，创新必须或可能有所参照……这样才能帮助销售人员和卖家更容易理解那些新的、改进了的属性"［奥斯陆·马努尔（Oslo Manual），2005，第 10 页］。显然这个定义对于计量经济学家来说非常实用。因为他们想统计市场上已有的创新，以便得出宏观经济数据。在他们眼中，创新是事后发生的，已经存在于市场上的，并被广泛认可的新事物。但是本书不是研究市场上曾经存在的创新，而是要说明创新是如何进入市场的。因此本书关注个人或组织中创新的流程和活动本身，而非创新提议。要想成功，创新活动必须解决下游的约束，这个约束未必是市场层面的。为了解释创新活动和如何让创新发生，我们引入"发明"这个术语。它明显带有 Lepine 考试的意思（至少在法国是这样），把发明活动划分为几个不同的技术等级。然而，创新比发明包含更多的其他维度，比如商业模式或者设计。在本书中我们将讨论"创新设计"这一术语，为分析设计活动的重要性打好基础。设计活动能够产生突破式创新。在过去 15 年中，突破式设计的管理一直是一个研究课题，我们将从这些研究中导出分析框架（见 C-K 理论）。

1.4　企业家和学者

前面我们提到，本书将介绍一位概念型创新者（该创新者的第一个项目是斯沃琪手表）和一位基础理论研究学者（这位学者更新了创新设计的体系）。本书的目的不是提供一些神奇的公式，让读者知道可以应用哪些工具去成功地创新；也不是在没有任何分析的前提下介绍一些成功的创新故事。很荣幸本书不是一本纯学术教科书，它涉及理论部分，但又具有实操性。本书对于创新可能提出的问题提供了精确的解答。为了实现创新，在它最终变成一个活动之前，你需要新的理论体系去分析它。事实上，如果没有一定的专业和学术背景做基础，也许不能理解和分析本书的主题。

这里提出的分析体系就是 C-K 理论（C—concept，表示概念，K—Knowledge，表示认识）。在本书第 3 章会有详细介绍。C-K 理论常被用来打破常规并推出新产品，而且未必需要那些高昂的广告费用和复杂的技术创新。C-K 理论是最近在设计领域中崭露的创新突破性理论。首先它实用，通过构造设计思考的模式帮助组织完成突破式设计的集体工作。教你怎样从一无所知中创新，甚至在你不知道发明是什么的情况下带你去创新。可以说这个理论使创新工作者进行了突破式创新，定义并提供了一整套严格的流程。

市面上有诸多关于创新和设计的工具和理论，为什么我们单单选择 C-K 理论呢？除了它比较全面综合外，本书还非常赞同这一理论的分析框架。它为我们接下来的案例分析提供了支撑基础。实际上，要不是 C-K 理论，本书的作者也不能相遇。2008 年的 12 月，本书的作者之一吉勒斯·加雷尔有机会在创新狂（Creaholic）公司介绍 C-K 理论，该理论针对公司的创新项目，集中体现了他 20 年的创新设计研究。"这位学者向我们解释我们是怎样工作的！"就像 Monsieur Jourdain（在 Moliere 的《中产阶级》），创新狂公司在无意中实践应用了 C-K 理论。通常，管理理论的价值在于它可以让那些做事的人通过运用该理论获得想要得到的结果，虽然他们可能无法解释这是怎么做到的。研究者和实践者都和这个实用理论有关。通常研究者通过实践者的应用，更新并丰富了他的研究案例，证实或证伪他的理论体系；实践者在其工作和创新中，用理论的独特方法，寻找到切实的价值。进一步来讲，研究者和实践者能够一起创造出新的实用理论。作为一家规模不大的突破式创新公司，创新狂公司在其重要工业客户的心中，通过行之有效的方法理论建立了很高的声望。但是哪种方法论，哪种产品结构，或者哪种突破式创新公司在将来会胜出呢？一定是真正为客户着想的创新公司。它不仅能详细说明其工作流程和思考方式，而且能揭示出比较流行的管理方法的秘密。绝不会让你误解创新者要么是"那些衣冠不整、胡须邋遢的家伙"，要么是"在车库后面偷偷搞发明的人"〔戈德利尔（Godelier），2009〕。正因为如此，这类创新公司有责任建立起其工作活动的分析体系。总之，采用这个理论可以帮助公司树立起专业形象，也能更好地认识专业发明者们是怎样开展工作的。

尽管本书不是一本纯理论的教科书。但是本书还是严谨地对待理论，并在其中详细介绍几个已经证实过的成功案例。对于创新者和创新型组织来说，这是一本非常实用的书。它可以使对创新自我满意的管理层反省，它拒绝重复、草率地移植组成创新工厂的所谓"创新引擎"：比如运气、超凡魅力的领导者、远景、勇气和坚持。这些"创新引擎"在一些文献和众多管理者的演讲中已经司空见惯。本书把这些所谓的"引擎"放在一边，而去支持更有说服力的、组织良好的设计理念。

1.5 创新的过去、现在和未来

就像中国的酸辣汤一样五味俱全，本书的目的就是让如下看似迥异和矛盾的想法和实践在同一个流程下互相促进：概念和认知、天马行空和理性思维、些许疯狂和科学事实、预测和惊喜、无序和有组织、思维跳跃和按部就班的思考。

本书接下来将会从两方面介绍突破式设计。首先，我们会介绍大家耳熟能详的创新故事，就是著名的斯沃琪手表，但是我们的介绍会比较简短。其次，我们将重点介绍突破式设计体系，它是整本书的核心。本书第二章介绍斯沃琪手表设计背后的故事。因为虽然斯沃琪是全球著名品牌，但是这个手表是怎样设计出来的却鲜为人知。艾尔玛·默克所扮演的角色和新的信息来源帮助我们重温那段历史，并解释创新概念的几个准则，以及面临的经验教训。在第3章中，我们将详细介绍C-K理论。它将帮助我们厘清创新的流程，同时还会介绍一些术语，并用具体的案例来阐述C-K理论。第四章将按时间顺序介绍艾尔玛离开公司后的一些事情。在他发明了斯沃琪手表后，艾尔玛经历了一段低谷期，类似于"创新后的抑郁症"。公司也发生了一些变化，他发现从此很难再去实现自己的创新梦想，于是他创立了自己的公司。对于本书来说，默克亲身经历的创新演变过程恰恰是个绝好的向读者介绍创新者面临的三种不同"心境"（作者以不同的分子形态做比喻，即 molecular metaphor）的机会。懂得这些"心境"有助于我们明白创新者在被误解，或在组织的内部冲突中所面临的困境。这个比喻充分说明了突破式创新的艰难，以及解释了是什么契机使突破式创新成为可能。第 5 章将展示一个突破式创新公司职能部门的设立及其管理。你怎样组织管理这家公司的工作？管理的准则又是什么？第 5 章中也会详细介绍创新狂公司和为其工作的创新者。最后本书以后记和结论结束，这个后记是展望性的，因为它提及了最近发展的互联网手表这个主题。这个主题更进一步引申了本书中有关手表设计的主题。像苹果和三星这类的新进入者，为整个市场带来了新事物。它是手表，但又不是传统意义的手表，关键是它将重新定义今后戴在我们手腕上的这个东西。

从历史上一个具体的突破式设计案例出发，当然还有其他案例，本书不仅提供给我们一个人人都能掌握的分析方法，还通过分析让我们了解一个更具全球性视野的设计理论。

斯沃琪手表鲜为人知的一面

斯沃琪是一款塑料石英（或与之类似的）手表，不但设计简单大方、成本低廉，而且拥有传统瑞士手表的质量和耐用性。自问世以来，斯沃琪手表的样式、图案和颜色数以千计。这足以说明它不仅仅是功能性手表，同时也是拥有美感和情感的产品。新颖的设计已经让它成为一种时尚饰品，并且一直在推陈出新。对某些人来说，斯沃琪甚至是受收藏家追捧的艺术品。1981年3月1日，第一款斯沃琪手表在瑞士市场问世。如今"斯沃琪"已成为世界标志性品牌。自从第一款斯沃琪手表上市以来，已经卖出超过5.5亿只。在此之前，好像还没有任何一款高质量的瑞士手表能大批量生产，并仅以不到50瑞士法郎的价格出售，但同时还能保证可观的利润。就像之前提及的，斯沃琪手表的故事之所以看上去如此引人入胜，是因为它从头至尾像是一场无法复制的成功。从20世纪80年代早期开始，出自斯沃琪集团官方版本的故事都是从现有产品的分销角度去分析为什么该手表大获成功。这些故事被管理层认可，亦被大众舆论接受，但它恰恰说明没人知道斯沃琪手表的真正起源。我们希望那段时期的故事可以让我们知道斯沃琪手表是怎样进行创新的，因为这才是我们的兴趣所在。

斯沃琪手表是怎么被发明的？它的原始概念出自何处？这个品牌手表的技术和大批量生产所用的工艺⊖是怎样被开发出来的？从它的设计，我们可以学到哪些创新管理原则？在本章，我们将带领读者回忆在1980年至1983年间，斯沃琪手表设计的几个关键阶段，涵盖从概念细化、设计到上市的全过程。

就像他们的老板恩斯特·托姆（Ernst Thomke）一样，艾尔玛·默克（Elmar Mock）和雅克·穆勒（Jacques Müller）是被官方认可的发明斯沃琪手表的两位瑞士—法国工程师。2010年9月16日，为了奖励他们发明了斯沃琪

⊖ "工艺"一词将被用于制造或生产过程。为此，我们选用这个在业内常见的术语。

手表，他们获得了著名的盖亚（Gaia Prize）"创新技艺"大奖⊖。和大家所熟悉的认知相反，这款著名的手表不是尼古拉斯·海耶克（Nicolas Hayek）发明的。他是在斯沃琪手表发明两年后才加入公司的［韦格林（Wegelin），2009］。在本章，我们将对发明斯沃琪手表这一创新的"作者"有个结论。

我们的目的不是为了恢复关键人物的名誉，也不是为了质疑其他人的角色，更不是要去重写这段历史。实际上，我们不是历史学家，也很难获得公司的档案。"我决定从一个非历史学家的角度，去思考这段历史，而不是尝试去修正事实。就像一位叙述者，只是想分享这段神奇的经历，希望在诸多微妙的因素中揭示什么才是促使创新成长并最终实现的原因。"艾尔玛·默克解释道。通过追溯斯沃琪手表的概念，我们可以得出不同于以往的新结论。过去会认为斯沃琪手表的成功来自于对市场上成功产品的分析，我们不可能从这一观念中学到可以让我们保持创新的东西。那些从斯沃琪手表设计中学到的经验教训才非常有意义，因为它们不为人知，又容易被误解。

要是没有工程师们的创新工作，就不会有斯沃琪手表的市场传奇。同样，如果没有新概念的诞生和突破式设计，也不会让斯沃琪手表如此成功。本书提出的突破式设计方法是基于工程师和市场专家提出的概念和认知，依赖于两者之间严密的、持续的交互作用。在斯沃琪手表诞生30年后，同样（或几乎同样）的手表正在被发明——这是消费类电子产品的杰出成就⊖。

在20世纪70年代末期，瑞士手表业遭遇了前所未有的生存危机。斯沃琪手表的诞生对此发起了有力的还击。本书将回顾斯沃琪开发的几个重要阶段。首先，依照时间顺序来分析观察斯沃琪手表在技术和功能方面实现的与众不同的概念；然后，运用"概念—认知"这一分析框架进行详细论证。

2.1 20世纪70年代后期的手表业危机：当经理不再是企业家时 ◄◄◄◄

"在20世纪中期组织的国际性展览中，瑞士制表业对英国和美国的竞争对手们展示出了傲慢的统治力"［东泽（Donzé），2009，第30页］。第二次世界大战后，瑞士占据了世界上90%的手表市场份额，直到1970年，依然占有85%以上。但是在随后的10年，它的市场份额土崩瓦解。到1980年，它的市场份额只有可怜的22%。在1983年，它的市场份额继续下降到仅为15%。其亚洲竞争对

⊖ 媒体的报道是谨慎的——媒体介绍"他们是新技术解决方案的发明者。这些解决方案包含原创斯沃琪手表概念的专利。"
⊖ 作者指的是类似苹果手表"Apple Watch"这样的手表。——译者注

手，主要是日本，通过提供便宜的石英手表开始排挤瑞士手表公司。这场危机不仅局限于制表行业，还涉及石油、货币及社会问题。许多之前曾繁荣一时的瑞士工业现在都面临着生存问题。日本公司的电子产品，诸如照相机、录像机和高保真音响设备等在全球范围内占据统治地位。

2.1.1　手表业霸主正被过去的成功所束缚

从 20 世纪 80 年代开始，瑞士钟表业已经有了衰退的迹象。然而，瑞士手表生产商并没有立即采取行动去应对衰退。他们过于相信自己的技术优势，坚信机械式手表才是好的手表。在这个行业时常听到的话是，"石英表和电子手表像个混血儿，不可能属于高贵的制表家族企业"。带着家族世代相传的对手表的见解和自豪感，这个行业过于自信于制表业的高贵艺术统治力。"我们知道怎么去生产手表，只有我们才是独一无二的！"瑞士手表的精密性提升了国家的荣誉感，同时也让它在竞争中脱颖而出。一位外国人是不可能在瑞士成为手表制造商的，因为其中的诀窍是世代相传的。"我是老板，我儿子将会成为老板，我们生下来就是要当老板。我们瑞士人知道怎么让这个行业持续运转下去。"直到 20 世纪 70 年代晚期出现斯沃琪手表的那一幕时，瑞士制表业还在自吹自擂曾经悠久辉煌的历史。他们当年建立的联合企业，的确帮助这个行业度过了一次又一次的危机（见表 2-1）。

表 2-1　瑞士制表业的企业联盟

在 16 世纪中期，珍·卡尔文禁止佩戴珠宝。这样就迫使金匠和珠宝商不得不在另一个领域创新地开发新产品，即制表业。第一次世界大战后，经济衰退严重影响了瑞士制表业的发展。美国成为瑞士手表的几个主要销售市场之一。为了抵抗美国的关税贸易保护主义，在瑞士全国，所有的制表公司联合起来建立企业联盟，其目的是在制表商之间建立起一个最低的价格系统来，以避免对"出口散件装配"①的课税。

在 20 世纪 70 年代，当瑞士制表业再次遭遇危机时，有两个决定进一步促进了"企业联盟"。首先，1931 年，瑞士钟表工业共同股份公司 ASUAG 的成立加强了该行业的集中度。其次，联邦政府一次性地、大力度地干涉这个行业，以便创造更多的工作机会和拯救那些濒临破产的银行。到 20 世纪 70 年代末，形成了两个最大的联合企业，就是 ASUAG 和瑞士钟表总公司 SSIH。

ASUAG 是全球最大的手表机芯②生产商。声名显赫的 Ebauches SA 集团在其旗下，还拥有浪琴和雷达等著名品牌。SSIH 成立于 1930 年，拥有欧米伽、天梭和 Lanco 等品牌。这两家公司设计并生产手表零部件，以及高品质的手表。瑞士制表行业价值链中的基本一环就是保护众多的家族企业。它不仅保护了家族的私人利益，而且保护了公众的利益，也就是保护朱罗山地区的工作机会。这样的结果是企业联盟把私人利益和公众利益有效地捆绑在一起，成功地提升这个分散行业的抗风险能力。不仅让这个市场更加有序，而且避免了制表业成为经济周期性衰退的受害者。

① 出口散件装配是通过出口组件的形式来出口手表。这些独立完整的散件在出口国完成组装并制造出产成品，其目的是避免对产成品出口征收的高额关税，但是瑞士制表商担心这种方式会泄露他们的关键技术给国外的组装工厂，从而迟早出现竞争对手。

② 机芯是用来显示时间单位的机械运转组件。原始机芯组件就是未组装的、可以独立出售的部件，它由很多零部件组装在一起构成。

表 2-1 中，Ebauches SA（简称 ESA）是原始机芯组件非常重要的生产厂商，它属于 ASUAG。1984 年 ESA 倒闭，合并到 ETA 集团（简称 ETA）。ETA 也是 ASUAG-SSIH 这个新集团的成员。也就是说，ESA 集团的所有子公司归到 ETA 中，并使用 ETA 名字。Lanco 位于索洛图恩，是生产廉价手表的巨型公司。

2.1.2　精密不再是质量的唯一标准

瑞士虽然发明了石英技术、液晶显示技术和第一款电子手表，然而在 20 世纪 70 年代末，却是亚洲国家第一个把这些技术应用到新产品上。这些国家让全球市场上充斥了电子石英手表和指针式电子腕表。它们迅速代替了瑞士廉价的而且又不是很精确的机械手表，比如罗斯科夫牌手表。

从那时起，任何人不需要太多的精细工艺就能成为精确钟表的制造商。这一巨变是整个行业思考模式的转变：手表的精确度不再依靠个人的工作质量或制造成本。在所有人都能卖腕表的年代，瑞士人显然是这场变革中最大的失败者。任何一家公司只要愿意，都能以极低的价格购买石英机芯，然后进入手表制造市场。虽然 ASUAG 通过 ESA 集团控制了机械手表机芯的设计和制造，但是现在它没有令人信服的理由继续存在。

这场危机给当地就业带来了灾难。从 1970 年到 1980 年的这 10 年间，瑞士制表业失去了 2/3 的劳动力。就业人数从 9 万人下降到大概 3 万人。在 20 世纪 70 年代早期，世界上出售的 3 亿只表中，只有 8 千万是在瑞士生产的。石英手表横扫机械机芯手表，彻底改变了瑞士手表业。让瑞士成为奢侈品牌的博物馆。在 20 世纪 80 年代初，在全球 4.5 亿只售价不到 100 美元的手表市场中，瑞士手表被完全排除在外，而这个市场的销售额占售价 350 美元以上的手表市场的销售额的 97%〔穆恩（Moon），2004〕。更糟糕的是，甚至有外国公司想出资收购高端品牌，比如欧米伽、浪琴或天梭。

2.1.3　海耶克报告带来行业迅速整合的契机

20 世纪 80 年代，瑞士制表业似乎注定要从地球上消失。这个行业的两大巨头，ASUAG 和 SSIH 正处在被银行抛弃的边缘。银行已经被他们近 5 亿瑞士法郎的年度亏损吓倒。从 1981 年至 1982 年，瑞士 ASUAG 亏损近 1.5 亿瑞士法郎，而且还有高额负债〔科马尔（Komar）和普朗什（Planche），1995，第 18 页〕。因此在 1981 至 1983 年间，瑞士银行拒绝了 ASUAG 和 SSIH 公司超过 9 亿法郎的贷款申请〔东泽（Donzé），2009，第 171 页〕。1982 年春天，银行聘请了外部的第三方咨询公司——海耶克工程公司来开展研究。这家公司由尼古拉斯·海耶克在 20 年前成立。几个月后，于 1982 年 10 月，发布了这份后来被称为"海耶克报告"的报告，其中介绍了拯救并恢复瑞士制表业两大联合公司的一些措施。海耶克作为银行在制表业的咨询顾问，在他的报告中主要提出了两个方法，一个是合并 ASUAG 和 SSIH 两大集团，另一个是生产全新的、便宜的、品质优良的手表［加巴罗（Gabarro）和策恩德（Zehnder），1994］。这正是让他成为斯沃琪手表之父这一神话的第二个佐证。为了避免最坏的情况发生，银行和联邦政府发起了对 ASUAG 和 SSIH 两家公司的并购，并在 1983 年 12 月 8 日宣布由尼古拉斯·海耶克来主导此次合并，新公司名字就叫 ASUAG-SSIH。

在 1984 年以后，即使公司的财务状况开始好转，为了规避风险，当时支持合并的银行还是把大部分的资金转由尼古拉斯·海耶克领导的私人投资集团管理。1986 年，ASUAG-SSIH 被重新命名为 SMH。尼古拉斯·海耶克以极低的利息，获得了更多的贷款，并在同一年控股了这家公司。他把斯沃琪和其他一些豪华品牌纳入自己的公司（斯沃琪手表已经于 1980 年至 1983 年成功在格朗日 ETA 开发出来）。在 SMH 成立后，ESA 集团囊括了新集团下面所有生产手表机芯的公司。在管理委员会的指定下，海耶克在 1986 年成为 SMH 的管理委员会主席和首席执行官。但是从这段时期直到 1991 年，恩斯特·托姆博士作为董事长仍继续管理这家公司。1998 年，SMH 改名为斯沃琪集团。

海耶克成功在制表业创造了高度集中的商业模式。几个世纪以来，不管是从工业精简的角度也好（随着斯沃琪手表的诞生，证明确实如此），还是从全球市场化的角度来说，这个行业都是通过保护那些规模小但历史悠久的制造商，以及他们的合作伙伴来赚取利润。

2.2 创新与危机：手表帝国用斯沃琪打翻身仗

斯沃琪手表从来就不是规划出来的，它也不是深思熟虑的创新战略成果，更不是通过什么周详计划或伟大远景诞生的成果。1979 年末，斯沃琪的故事开始于 ETA，这家公司是瑞士联合企业中的一个重要成员，隶属于 Ebauches SA 集团，当然最终被 ASUAG 控股。

所有的一切都从 ETA 的这三个人的相遇开始展开⊖。这三个人本来是不大可能见面的。一位是公司里令人尊敬的高级经理，另外两位则是处于公司架构底部的年轻工程师。ETA 的组织架构本身并无意把他们凑在一起（见表 2-2）。

⊖ 读者在本章的后面部分会发现，从 1981 年开始，市场营销和设计研发便在斯沃琪项目中出现。其他人员也为这个项目的成功添砖加瓦。在斯沃琪的市场营销工作中，从外部聘请而来的顾问弗兰克·斯雷彻起到了举足轻重的作用。他在 1981 年 9 月发明了"斯沃琪"这个名字。经雅克·穆勒的推荐，伯纳德·穆勒和玛丽斯·斯密特成了斯沃琪手表最后阶段的创造者。

表 2-2　斯沃琪项目的原始主角

恩斯特·托姆出生于 1939 年，起初在位于格朗日的 ESA 以技工的身份接受培训，之后分别在伯尔尼大学和洛桑大学学习自然科学和化学，后续在伯尼尔的医学院学习，然后又到欧洲工商管理学院（INSEAD）学习市场营销，并在法国枫丹白露学习管理。1978 年，恩斯特·托姆已经 39 岁。在他被召入 ETA 来拯救这场危机时，他在行业内已经有令人钦佩的就业经历了。1982 年，他被任命为ASUAG 的主席。1984 年至 1991 年，他是 SMH 的总经理。正是在这个阶段，他接受了其他行业的挑战。恩斯特·托姆目前是瑞士最著名的、最令人尊敬的实业家之一。他是一位严厉的人，不仅是因为他的个性，还因为他喜欢解雇人。

1954 年，**艾尔玛·默克**出生于拉夏德芬，这是世界钟表制造博物馆所在地。他的父亲是毕业于比尔市培训学校的钟表匠和微型机械工程师。作为他的儿子，艾尔玛·默克在接受培训后，也成为一位合格的钟表匠和微型机械工程师。1976 年，尽管当时手表业正处于危机之中，但 ETA 还是给了他第一份工作。他是工程学院 16 个毕业生中唯一一个被聘用的。一加入 ETA，艾尔玛·默克便作为工程师继续接受在塑料领域的培训，这个培训对后来斯沃琪手表的发明产生了巨大的影响。

雅克·穆勒于 1947 出生在波朗特伊收养院的产科病房里，这个收养院现在叫 musee dhotel-dieu。他从圣伊米耶的学校毕业后，成为一位微型机械工程师。他的第一份工作是在 Ebauches Tavannes 公司，这是一家专注于手表机芯制造的公司，在那里，在制表领域他获得了许多关于电子机械和微型机械方面的专业技能和经验。1978 年，在 Ebauches Tavannes 公司倒闭后，雅克·穆勒加入 ETA 公司，并与艾尔玛·默克一起工作。

2.2.1　沉浸在手表齿轮中的热情

艾尔玛·默克回忆说："我和雅克是很要好的朋友，我们一起做了很多项目，开发了各种手表零部件，即使没有人要求我们这样做。我们对于制表业的未来发表长篇大论，试图想象出未来的手表是什么样子。"1979 年 10 月，艾尔玛·默克和雅克·穆勒在德国埃斯林根（Esslingen）应用科学大学参加了一个关于金属烧结的课程。他们花了大部分业余时间去思考怎样大批量生产低成本的手表。尽管那时候他们尚处在胡思乱想的阶段，但是显然他们思考的那些问题后来成为发明斯沃琪手表的关键点。那时候，在 ETA，这两位工程师不遗余力地改进手表零部件，虽然他们并没有接到有关项目的任何指令。

艾尔玛·默克将他全部的热情沉浸在齿轮中，他热衷于鼓捣那些微型马达和机械装置。当他开始在 ETA 工作的时候，公司的业务正面临下滑。弗里茨·肖勒（Fritz Scholl）总监非常信任他，为了让他工作量饱满，专门给他买了一台塑料注塑机让他研究。这台机器并非通过官方渠道购买，平时藏在格朗日的某个顶楼里。为什么要做得如此神秘莫测呢？因为那个时候，根据手表业劳动部门的管理规定，ETA 公司只允许生产表盘基座的"干切"铜加工；丰泰内梅隆的其他Ebauches 公司只能加工湿铜（油切割）；位于马林的 Ebauches 电子集团则垄断塑料加工，但是它不能生产铜类材料。弗里茨·肖勒意识到高分子材料在不久的将来会变得越来越重要，他不想依靠马林的 Ebauches 电子集团，于是决定自己做试验。他用自己的钱买了设备，以便让默克能秘密地研究他的项目。就这样，在没有任何培训的情况下，通过实际研究塑料，默克开始了自己的职业生涯。虽然他因为缺少知识而苦恼，但是又为这些新材料而着迷。后来，在高级管理层的批准和资金支持下，默克决定重新回大学去学习。默克被派往位于瑞士德国边境的布鲁格学习了两个学期。1978年学成归来，获得了塑料工程学位。这令他得以在 ETA 公司用创新的方法去做试验，试图找出制表业便宜又可靠的解决方案。尽管没有具体任务，默克利用高分子材料，开发出绝缘件，测试了超声波焊接，并想出很多可能解决问题的新方案。于是就这样，在无人知晓的情况下，开启了斯沃琪手表的技术设计之旅。

2.2.2 不期而遇

几年后，艾尔玛·默克意识到仅仅用藏在顶楼的小注塑机是不够的。为了尝试更多试验的可能性，他需要更大的注塑机。"我想要……我需要耐驰特（Nestal）注塑机。那时候其售价要50万瑞士法郎。但是我没有充足的理由去购买。"就这样在没有组织中任何具体的指令下，仅仅是因为自己的试验需要，默克决定下订单去采购一台新型塑料注塑成型机。根据内部流程，最终这份投资申请到了 ETA 总经理恩斯特·托姆的办公桌上。1980年3月27日的上午11点，托姆博士的秘书召唤默克下午1点开会。"哦，该死！是关于那台机器的。"默克心里想。在离开会还剩下两个小时的时间里，他不得不去准备令人信服的理由去解释要求购买这台机器的原因。如果他仅仅说他需要这台设备是满足个人的创新好奇心，托姆很可能会把他解雇。不得已，他冲进好友雅克·穆勒的办公室，就从那一刻起，他们的生活和瑞士制表业的历史将被彻底改变。

这两个人在某种程度上把风险转变成机会。他们决定向恩斯特·托姆展示塑料石英表的草图，以便说服他同意购买这台机器。在埃斯林根（Esslingen）应用科学大学读书期间，他们曾有很多没有结论的技术探讨。他们利用了那些曾经探讨过的想法，在不到两个小时内，用粉红色和蓝色的画笔，匆忙勾勒出可以用这台机器生产出来的手表草图。这张草图非常简单，犹如小孩子的涂鸦一般。"由于时间紧迫，雅克和我想出来的这个设计基本上包含了未来斯沃琪手表的关键部件。"这是个 Schnaps-Idee（瑞士德语，描述一个产生于酒吧玩笑的点子），简单介绍了呈现在他们脑海里的技术要点。未来斯沃琪手表技术概念的雏形就这样诞生了：一个单一的基座，焊接的玻璃和一个独立安装的马达。他们为这款未来的手表取名为 Vulgaris⊖。充满恐惧的艾尔玛·默克走进恩斯特·托姆的办公室，他感觉他和雅克的工作命在弦上。"这台机器有什么用处？你们就是想玩玩吗？"

⊖ 后来，这款手表改名为 Popularis，继而又改名为 Calibre 500，最后改名为斯沃琪（Swatch）。

托姆有时以激烈反应而闻名。艾尔玛·默克回忆道："他直接冲着我的脸说我是不切实际的、不负责任的、不成熟的。在这种情况下，我感到羞愧难当。"被他大概当了 30 分钟的出气筒，托姆先生终于停止大喊而问我："你们到底想用这台机器做什么？"艾尔玛·默克从他书包里拿出来那张像小孩子涂鸦的图样——Vulgaris 草图[⊖]（见图 2-1），"我们可以用它来生产像这样的手表！"

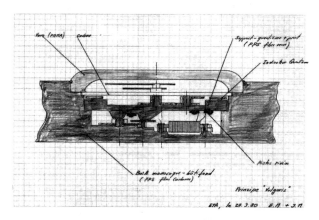

图 2-1　斯沃琪手表的原型 Vulgaris 草图：艾尔玛·默克和
雅克·穆勒（1980 年 3 月 27 日）（来源：雅克·穆勒）

　　恩斯特·托姆立即回应道："我已经为这个等了一年多了！我可以拿这张图样好好看看吗？"那个时候默克和穆勒并不知道托姆已经让 ETA 的研发部门在开发低成本的手表，只是还没有方案出来（见表 2-3）。托姆一看到 Vulgaris 的图样，就意识到这款手表的设计概念极为重要，而且结构简单。他自己非常熟悉手表的机理，从设计中他看到了一种创新的产品和一种潜在的工艺。他意识到通过生产一种可行的亚洲电子手表的替代品，有可能赢回公司在低端市场失去的部分市场份额，而且还不用去和已有的瑞士手表竞争。

表 2-3　斯沃琪与 Delirium：一个让人怀疑的结合

　　尽管 Delirium Tremens 手表在商业上并不成功，但是它的出现还是大大提升了瑞士手表业在创新方面给人的印象。ETA 攻克了技术难题，成功地开发出只有 2mm 厚度的 Delirium 手表。它是世界上第一款真正商业化的最薄的手表。此后，ASUAG 集团的主席 P·雷恩格里立即命令 ETA 开发一款价格便宜、可以大批量生产的手表。那时集团还不重视这个市场。公司的生存是个问题。"经常有人说斯沃琪手表出自 Delirium Tremens 的创意。后者在 1979 年一月上市，是款著名的金表，并且是世界上最薄的表。虽然 1979 年 ETA 的管理层做过多次尝试去定义从 Delirium 演变出来的新手表的特征，并成立了命名为 Delirium Vulgaris 的专门研究项目去分析各种可能性，比如液晶显示屏，或者类似罗斯科夫牌

　　⊖　这个草图是雅克·穆勒画的。

（续）

> 腕表（Roskopf）的风格，但是都没有定论或者定论没有被明确接受。"① 在同样背景下，1979 年秋天，恩斯特·托姆写了篇技术论文，简短介绍了即将开发的新手表，它拥有简单的结构。托姆列出了其中每个部分的功能。R·卡雷拉（*Swatchissimo*，1991，第 20 页）写道："Ebauches SA 的技术管理人员没办法用塑料来生产 Delirium 款手表"，还说无论如何，Delirium Trmens 和斯沃琪手表的相似之处"仅此而已，就好像比较飞机和金鱼。尽管它们都有看上去相似的流线形状"（*Swatchissimo*，1991，第 17 页）。所以说这两款手表构架完全不同，根本没有任何隶属关系。斯沃琪手表重新定义了手表的结构，并使之简单化，而 Delirium Tremens 只是使传统的手表零件变得更薄，以便整个表盘变得更平坦。

① 这个引用来自于 R·卡雷拉 "*Swatchissimo*" 这本书，但稍做改变，摘自 worldtempus 网站（各种著名品牌表的官方网站），原始版本：http://www.worldtempus.com/fr/encyclopedie/index-encyclopedique/histoire-de-Ihorlogerie/le-phenomene-swatch/lextraordinaire-aventure-swatch/la-genese/。

2.3 斯沃琪项目并非从天而降

这三个人并不知道他们同时在进行同一个项目。一方面，在 1979 年末，恩斯特·托姆和 ETA 的高级管理者已经在思考开发一款具有市场竞争力的手表。那个时候他们发起了不同的项目⊖。另一方面，默克和穆勒在思考、设计并且开始测试各种不同的技术方案，期望开发出一款具有工业革命性意义的手表。托姆一直在寻找的东西最终将被默克和穆勒发明。这是次"高管"与"员工"之间的不期而遇。这位"高管"一直在寻找什么东西。而他的"员工"已经发现了什么，所以说这次相遇具有划时代的意义。

托姆已经参与一个创新项目，只是没有发现任何有价值的东西。所以他决定加快行动步伐。他十分信任默克和穆勒，立刻采纳了他们的新想法，并给予他们坚定的支持。承担如此大的风险，并且有悖于传统的管理方式，说明托姆才是斯沃琪手表的真正开创者。有优秀又令人敬畏的领导参与，加上 ETA 的工业实力，为斯沃琪手表的诞生创造了所有必须的条件，一个新时代即将开启（见表 2-3）。

和托姆开完会后，艾尔玛·默克惴惴不安地回到办公室。他心事重重，试着向穆勒解释这次会议有多糟糕。他俩都确信他们很快就会成为 ETA 里多余的人而被解雇。默克承认道："我非常胆怯地回到家，不停地自言自语，说我犯了大错。"厄斯·基格是当时 ETA 的技术主管，他朝这两位工程师大吼："你们就拿着这个奇怪的、没有任何技术含量的图样去见托姆先生了？而且没人知晓你们做

⊖ 建议读者阅读 "*Swatchissimo*" 这本书［卡雷拉（Carrera），1991，第 16 页］，它详细介绍了 Delirium Vulgaris 项目，以及接下来和 ETA 经理们的会议和讨论，包括 A. Bally，A. Begner，U. Giger 和 P. Renggli（ASUAG 集团的主席）。

的是什么玩意儿，你们疯了吗？没项目支持，没数据支撑！你们在搞什么？你们需要在 6 个月内完成所有的工作！"除了时间紧迫外，托姆的支持几乎没带任何附加条件。默克和穆勒也只有在短时间内完成任务去证明他们的价值。

2.3.1 多样化是制表业摆脱困境的出路

尽管没有任何常规的商业计划、技术概要、成本分析、市场调研⊖，也没有任何关于投资回报的计算，但该项目就这样被立即启动了。恩斯特·托姆用那张草图定义了设计流程的主要方向（即开放空间）和限制条件（即封闭空间）：

1）手表的制造成本必须少于 10 瑞士法郎。

2）它必须有非常强的市场竞争力（比如要用它抢回失去的市场）。

3）它必须在瑞士生产，即是一款"瑞士制造"的手表。

4）它该怎样工作？要像传统式手表一样工作！

5）它拥有什么样的指针？要有传统式手表一样的指针！

6）你怎样设置时间？要像传统式手表那样设置时间！

以上是默克和托姆见面之前列出的技术要求清单，也是 Delirium Tremens 上市后的间接结果（见表 2-3）。正是因为此时托姆已经在思考开发新一代手表，他才明白默克和穆勒方案的重要性。如果你想让制表业多样化，你就必须制造手表。道理就这么简单！听起来像老生常谈，却一语道破天机。当时的瑞士制表业确实陷入了困境，沉迷于在已经掌握的伟大的机械制表艺术上进行改进。对托姆来说，制表业最好的多元化就是手表本身。必须设计出一款手表，它看起来与过去的手表别无二致，却拥有新的特征，而且成本也要足够低。必须发明出这些革命性的特征，才能让新表脱颖而出。而且这些特征与亚洲的制表技术或者传统的瑞士制表工艺毫无关系。

1980 年，市场上最便宜的石英手表的机芯价格是 14 瑞士法郎，整只手表的制造成本为 25 瑞士法郎，包括表壳、表盘、表链、指针、包装和质保手册。要使制造成本达到不到 10 瑞士法郎，意味着要降低 60% 的成本。有一点可以确定，不能仅凭过去的经验进行改进，而是要从零开始，设计出一款全新的手表。同时，必须承担一定的设计风险，以显著降低制造成本。

让我们了解一下当年的 ETA 是否有能力生产这款手表。问题看似简单，却存在巨大的挑战，因为产品概念设计和工艺并不是 ETA 公司的核心业务。我们必须谨记 1980 年的 ETA 只专注于手表机芯的制造，从不生产和销售成品⊖手表。

⊖ 弗朗茨·斯普雷彻是斯沃琪手表的市场人员，他解释说："虽然，如果我们问消费者，他们潜意识里可能认为塑料手表的质量不高。"但是，我们在后面会看到，市场调查也会给我们带来新视野，这个新视野是基于人们对工程技术的认知。

⊖ 然而，之前 ETA 已经生产了 Delirium 的 4 个型号的成品手表。

公司的主要业务从来不是设计、生产制造和分销最终产品。这是当时瑞士制表工业企业联合和劳动力分工的结果。一些公司专业制造机芯零件；一些公司则专注于机芯装配，还有一些公司从事手表的最终装配。劳动分工让 ETA 的核心业务仅在于手表的部件装配。虽然历史上每个品牌的手表都有从单纯制造零件到生产整只手表的经历，但是，20 世纪 20 年代是个重新整合的时代，那时许多品牌的手表把零件加工剥离出去。因为斯沃琪，ETA 不得不第一次扩大规模来生产整只手表。可以说斯沃琪"诞生于一群意志坚定的工程师们的不懈坚持中。即使他们开始的时候没条件也不被允许生产整只手表"⊖。当设计项目启动时，ETA 根本不具备掌控市场和销售所必须的条件。当时的状况是公司连起码的销售网络和市场部门都没有。但就是这样，斯沃琪手表还是要在位于格朗日的 ETA 生产，而且 ETA 必须承担起它的销售和市场推广工作。

"我们的主要优势在于我们可以自由选择我们想做的事情。为了达到目的，我们尝试选择不同的设计方案，而不必利用已有的手表零件。"默克总结说。做到手表生产的全自动化这一强烈想法一直萦绕在设计师们的脑海里。对这个项目来说，虽然前面的路途艰险曲折，但是后面我们可以看到，斯沃琪手表相对于传统手表，不仅成功地减少了一半数量的零部件，还利用坚固可控的配件简化了最后的组装流程，使原来看似不可能的事情成为可能。

2.3.2　全权委托或和平共处

ETA 决定立即启动 Vulgaris 项目。对两位年轻的工程师来说，这只是漫长艰苦旅程的开始。他们决定用最简单高效的方法来发明新手表。因为他们不能言败。初始计划非常乐观，打算在 1982 年初就开始上市销售新表。"当时我 26 岁。最坏的情况就是我去找另一份工作。雅克也决定冒险一试。"艾尔玛·默克回忆说。对这两位年轻的工程师而言，承担这个项目不但没有风险，相反是帮助他们实现梦想的学习和工作机会。虽然在项目的开始阶段，默克和穆勒只能靠他们自己，因为没人愿意和他们一起推进项目。在制表业就业前景堪忧、人人自危的年代，没人愿意冒险与"肯定会搞砸这件事的两个疯子"共事。一切迹象似乎表明如果这一特别项目不成功，这两位年轻的工程师和所有那些加入该项目的人很有可能就是下一批被解雇的员工。

托姆将两位工程师从他们日常的工作中解放出来，并给他们 6 个月的时间去开发新手表。默克和穆勒从此直接向托姆汇报，他们可以优先获取所需的资源。自此，默克和穆勒得以为新手表的开发不懈工作。因为托姆为他们撑起一把"保护伞"，所以没人敢干预他们所做的事情，让两位发明家免受各种质疑、敌

⊖　L'Impartial，1985 年 9 月 23 日。

对，或认为他们注定失败的态度的困扰。维利·塞拉斯（Willy Salathe）是 ETA 的工程总监，也是托姆和这个项目的中间人。一份 1980 年 8 月 29 日的内部备忘录表明 ASUAG 集团内部对 Vulgaris 项目持谨慎态度，特别是 ASULAB（ASUAG 的研发部门）对这两位来自格朗日的"异见者"所做的努力似乎并不看好⊖。

1980 年 7 月 1 日，穆勒在记录关于 Vulgaris 项目执行的档案文件中回顾了当时的情况。这份高度专业化的档案文件详细描述了新手表的八种可能的技术解决方案，并系统地比较了每种方案的优缺点。6 个月很快过去，但是项目没有明显进展。直到 1980 年 12 月，第一份图样才完成。又等了 6 个月才制作出第一只原型手表。由于技术上的失误，这只原型手表的指针竟然转反了！"在细节上，我们犯了一些错误。"基于第一只原型手表，托姆开始了首次真正意义上的市场运作（见后）。在 1981 年 12 月 23 日，首批 5 只斯沃琪手表大功告成，并且可以正常工作。它们在耐驰特（Netstal）机器上用模具注塑，再通过手工装配而成。虽然仅仅 5 天之后它们就全部停止运转，但是恩斯特·托姆坚持继续这个项目，因为他坚信"如果我们能让 5 只手表连续工作 5 天，那么我们就离成功不远了"。

与此同时，托姆决定全面启动这个项目。目标是在 1982 年秋天前，在美国市场卖掉 1 万只斯沃琪手表。至此，斯沃琪手表的开发费用已经高达 80 万瑞士法郎，而且后期还会有更多的商业和工业方面的投入。另外，还需要再花 6 个月的时间去完善市场计划和设计，以便在全球推广斯沃琪手表。当斯沃琪手表于 1983 年 3 月 1 日在欧洲上市时，完成整个项目已经花了 3 年时间（见图 2-2）。

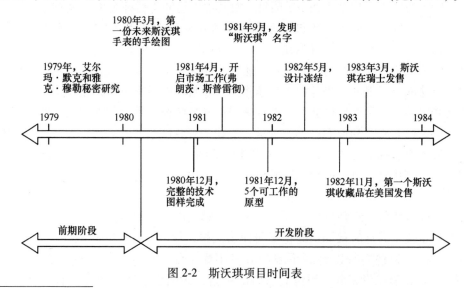

图 2-2 斯沃琪项目时间表

⊖ 艾尔玛·默克记得恩斯特·托姆告诫他和雅克·穆勒"对 ASULAB 汇报工作时要谨慎，因为他们并不看好默克和穆勒正在进行的尝试，对他们要小心，闲聊几句就好，别谈重要的事情"。

　　从 1980 年初提出该方案，默克和穆勒就着力打造出一款与众不同的手表，或者被称为"完全不可能的手表"。伴随项目的进展，对他们的讥讽从未停止过。ETA 的大多数人自认为是造表达人，精美机械表的化身。在他们眼中，这款制作粗糙、价格低廉的塑料手表不仅亵渎了瑞士手表的身份，也亵渎了传统设计师。"我们过去从来没生产过这类手表，肯定没人愿意购买它！"类似的嘲讽不绝于耳。大部分钟表匠不能接受斯沃琪手表，直到他们引以为豪的"大船"开始下沉，他们才被迫接受它。默克回忆道：我们"被少数幸灾乐祸的人嘲笑，他们认为我们是瑞士传统手表声誉的掘墓人。"但是这丝毫没有动摇默克和穆勒的信念和决心，他们继续为发明这款根本不存在也似乎不可能的手表而努力工作。

2.4　斯沃琪的创新设计

　　在一篇刊登在《哈佛商业评论》的采访中，尼古拉斯·海耶克说："斯沃琪手表的诞生不仅是工程技术上的胜利，还是创新上的胜利"〔泰勒（Taylor），1993〕。现在我们将讨论它是如何做到这两点的。如果没有认知，概念将不复存在，反过来亦是如此。仅凭想象力或创造力来发明斯沃琪是不够的，因为它不仅是一种艺术品，还是一种可以低成本生产、大量制造的工业品（在之前的手表业从未如此大批量生产过某款手表）。相反，工程上的成就不足以生产出这样一款广泛流行的设计师产品，因为工程师们的认知刚开始的时候仅仅局限于海耶克所谓的"丑陋的塑料手表"上。在概念设计阶段，工程师是关键角色，在工程制造阶段，富有创造力的人已参与其中。本书不是简单地罗列斯沃琪手表在技术和概念上的创新点，而是用设计的理论体系来讲述斯沃琪手表的概念故事，即"C-K"理论。你会发现斯沃琪手表的概念设计的确是令人惊奇的有组织的思考过程（见表 2-4）。

表 2-4　C-K 理论（首选方法：概念—认知）

> 　　C-K 理论是一种创新设计理论，用来研究和描述设计人员的整个推理过程。在研究领域，一直到近代都没有关于创新设计的理论。因此，C-K 理论称得上是决定性的突破。作为统一性的理论，它周密地介绍了一整套关于创新设计上的系统方法。用它可以追溯到隐藏在设计背后的推理路线。众所周知，创新设计的推理过程既严密又难以预测。但是 C-K 理论却用一种简单高效的方式来描述这种复杂的合理性。
>
> 　　20 世纪 90 年代中期，在阿曼德·赫琪尔和布罗特·威尔的发起下，C-K 理论最初在国立巴黎高等矿业学院科学管理中心被提出〔赫琪尔（Hatchuel）和威尔（Weil），2003〕。它基于对设计的实践和过程的经验观察，旨在对正在出现的随机的、有风险的事物进行建模，并帮助这些实践和过程的发生。
>
> 　　C-K 理论基于两个不同的设计空间之间的差别，C 代表概念空间（Concept Space），包括想象出来的、令人难以置信的或不知所措的提议，比如"根本不存在的手表"就代表一个概念空间。K 代表认知空间（Knowledge Space），这些认知被公司的主管经理、供应商和其他利益相关者所掌握。设计过程就是两个空间之间的交互作用。C-K 理论不仅考虑了原始概念 C 及它们的转化，还伴随 C+K 空间的共同进化来定义整个设计过程。没有概念，就不会有新的认知。没有任何之前的认知，新的概念也无从产生。

（续）

C-K 理论不仅可以帮助我们摆脱认知空间的束缚（比如创新来自对科学知识的应用），还同样帮助我们避免受概念空间的限制（比如创新被简化为创意）。两个空间彼此相互影响，导致联合扩张。新概念在扩张过程中从以往的认知中脱颖而出，最终演化成创新产品（见下图）。

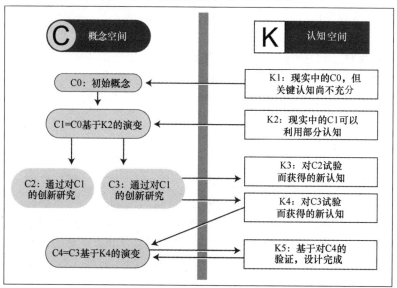

C-K 理论重视各种增值，包括新认知、令人惊奇的新创意、新概念和各种备选方案。通常，设计指有创意的解决问题的方案。C-K 理论不但可以帮助我们解决设计上遇到的难题［勒·马松（Le Masson），2008，第 12 页］，而且它阐明了通向创新的一系列推理方法。C-K 理论详细说明了创新和设计的过程及步骤，从而使从未知到设计出某些创新产品成为可能，并且它通俗易懂，是人们通过学习都可以掌握的方法。

正是设计本身及其特别的生产工艺使得斯沃琪手表不同于以往的手表。我们在这里不去探讨技术上的细节，仅提供一些关键点供读者参考，以帮助不熟悉制表业的读者也能更好地理解案例。

下面是 1980 年 4 月由恩斯特·托姆、艾尔玛·默克和雅克·穆勒定义的初始概念（C0）：

1）一款瑞士高质量手表（不仅仅指手表机芯）。

2）价格低廉（不到 10 瑞士法郎的成本，比当前手表的成本减少 60%）。

3）基于自动化工艺的大批量生产。

4）瑞士制造。

关于认知空间，的确存在我们下一章所描述的"断层"，即从明确的概念到实现它所需认知之间的落差。简而言之，就是我们不知道该如何下手。虽然当项目启动的时候，认知空间并非一片空白。但实际上，20 世纪 80 年代初期的瑞士制表业的认知还远达不到大批量生产价格低廉手表的这一目标。

一方面，通过研究制造工艺、"默克式"的试验和学习打开了对塑料认知的空间（K's）。这些认知反过来极大地促进了手表的设计。

另一方面，在默克和穆勒最初的讨论中已经出现了对这款"技术性手表"的其他认知空间。感谢穆勒的专业背景，在价格低廉表领域，特别是材料和微型机械组装领域，他是一名当之无愧的专家。认知空间就此逐渐形成，无论从开始的技术层面，还是到后来的市场和设计层面，这也要感谢不断加入该项目的新成员。

现在有必要了解三方面的认知是如何完美融合从而最终发明出这款手表的。三方面的认知呈依次递进关系。第一个认知围绕塑料工艺方面的试验，从而引发了产品材质的变革。随后，伴随着新同事的介入，以及他们带来的新认知，产生了关于手表的结构、市场和设计上的新概念。最终，在大批量生产的时刻，工业工艺设计也随之而来。可以说在每个阶段，认知和概念相互作用，相互影响。

2.4.1　从塑料工艺认知到初始概念的扩展

现在我们知道，斯沃琪手表的设计开始于默克对塑料材料和工艺的试验和研究。这里，产品的创新来源于工艺上的创新，并非对传统创新理论的学习［厄特巴克（Utterback）和阿伯内西（Abernathy），1975］。通过了解制造工艺方面的新认知，我们可以定义这款新手表。

对塑料应用领域的探索为我们同时开启了三个研究方向：

1）塑料的装配：也就是把所有不同的塑料零件组装在一起的方法。这方面的关键认知来自于对熔接、粘结和钎焊技术的研究[一]。

2）塑料的注射成型：塑料零件通过注射成型得以大批量生产。该工艺通过对注塑机加热来软化原材料，然后注射到模具中，降温后固化成型。

3）塑料的颜色：对塑料制品进行染色或者在上面印刷图案（见表2-5）。

1978年恩斯特·默克完成了塑料工程专业的学习，这为他将来在塑料方面的试验和设计工艺做了准备。通过学习，恩斯特·默克发现，虽然塑料在其他行业已被广泛应用，但对制表业来说，采用塑料是不同寻常的崭新技术。1980年，虽然注塑工艺和超声波焊接[一]技术在制表行业中还应用不多[一]，但是在其他行业，比如在汽车工业中，已被广泛使用。由于恩斯特·默克已经掌握了怎么焊接

[一] 熔接是一种将零件长久装配的方法。它在材料熔化为液体状态时形成共同体。当温度降低后固化，从而形成连续均匀的一个整体。钎焊是焊接的一种，它利用一种不同于被组装零件的中介合金材料，把零件装配在一起。相比熔接，钎焊时不一定发生熔融。粘结则是利用黏合剂把材料或物体连接在一起。

[一] 超声波焊接机器产生高频振动（频率超过24kHz），振动的工具称为超声波焊头。这些振动施加在两个要焊接的物体上（这里是聚合物），机械振动能量转变为热能，从而实现两个零件表面的对接。对于热感材料来说，比如塑料，超声波焊接是一种快速、经济的组装方法。

[一] 在某些手表中，小的绝缘零件是由塑料制成的。

汽车指示器和车灯，所以他能通过试验来研究如何把塑料镜片装在注塑成型的手表的表壳上去。当完成学业时，他和许多塑料供应商见过面，特别是塑料焊接机器生产商布朗盛（Branson）公司，该公司借给默克一台机器做试验。恩斯特·默克也从罗盘的设计中深受启发：把液体装在用超声波焊接的密闭容器中。这一概念的问题是如何把液体封装在防水的容器里。为了实现这一概念，就要用到默克关于超声波焊接方面的认知⊖。

表 2-5　C-K 理论

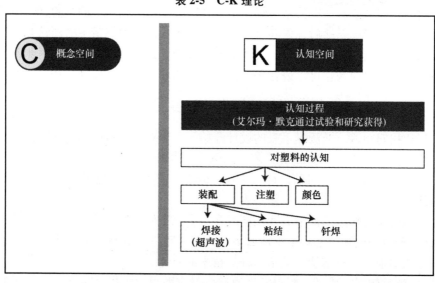

自项目启动以来，即使超声波技术一直是争论的热点，但是经过多次的试验和讨论，它还是成了首选技术。在 Vulgaris 项目的档案记录中，恩斯特·默克在 1980 年 7 月 1 日做了一个总结备忘录，其中介绍了 Vulgaris 项目中不同塑料的特性。在同期的另一份文档中介绍了各种关于密封和焊接手表方面的知识。ETA 不仅逐渐获得了塑料领域的新认知。更重要的是，公司知道了如何应用它。1980 年 7 月的这份总结从许多方面详细介绍了关于塑料的各种特性，包括力学、功能、经济、工业和供应商等不同角度。每种方案的优缺点也有讨论。比如说，塑料中如果含有碳化纤维会具有良好的力学性能，但是比较贵，同时具有一定的导电性，这点会干扰手表的运转，所以他们最终放弃了这种塑料。到了 1980 年末，关于塑料工艺的最后决定终于出台。1982 年 12 月，也就是默克启动 Vulnarity 项目一年半后，专利号 CH 650894 被批准。专利名字是"一款包含塑料表壳和树脂玻璃表盘的手表，以及如何固定树脂玻璃在手表外壳上的方法"。超声波焊接

⊖　我们将会在下一章中用到并解释"融合"（Conjunction）这个词，并详细介绍。

技术一跃成为制表业的新技术。

超声波技术的选择将与概念空间对接，在两个活动领域澄清初始概念 C0[⊖]：①手表必须"适应性强和防水"；②不可维修。同样，从本质上讲，这个选择也实现了 C0 概念的低成本生产要求：不到 10 瑞士法郎（见表2-6）。

表 2-6 C-K 理论

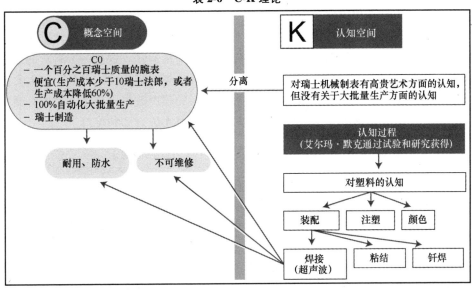

2.4.2 从认知（塑料焊接手表）到概念（价格低廉）

超声波焊接技术不仅有助于把树脂玻璃的表盖安装在塑料手表和一次性注塑成型的表壳上，还有助于很多内部零件的安装。这些零件以前是用螺钉或者嵌件安装，超声波焊接技术允许使用成本更低的塑料零件。注塑成型的树脂玻璃盖的成本仅为每片 6 生丁（0.01 法郎）；而热压成型的树脂玻璃盖的成本却要 50 生丁，前者成本仅为后者的 1/8。原因很简单，如果没有超声波焊接，就必须用胶水或者热压来固定树脂玻璃盖，那就要使用抗压和耐溶剂侵蚀的价格昂贵的塑料。默克使用的表壳材料是 ABS 树脂。注塑成型的表盘树脂玻璃盖可以和表壳直接焊接装配。ABS 树脂的应用虽然未引起传统制表行业的重视，但它在其他行业应用非常广泛，比如著名的乐高积木。ABS 树脂不仅拥有良好的美学效果（比如色彩鲜艳，易染色等），还坚固耐用。斯沃琪手表的表壳用的是压力注塑成型工艺，有一些预先组装好的零件在装配阶段要放置其中，所以对表壳尺寸的精度要求非常高。因此开发此生产工艺成为设计斯沃琪手表过程中最困难的阶段

⊖ 将在第 3 章中详细介绍细节。

之一。传统手表外观部分的成本（包括表壳、玻璃表盖、表带和后盖）占总成本的50%，但是斯沃琪手表将其降到只占8%。后面我们还会从产品本身的结构方面入手去介绍斯沃琪手表其他降低成本的方法。

2.4.3　从认知（塑料焊接手表）到概念（耐用和防水）

焊接的表盘不仅确保了高防水性能，还提供了更加优良的力学性能。换句话说，把树脂玻璃表盖和注塑成型的表壳焊接在一起的技术使手表的整体抗压和抗拉伸能力大大增强，从而保证了手表内部零件的精密运转。这是一个崭新的设计理念：树脂玻璃片不仅是个防水的盖子，还是表壳整体结构的一部分，这大大提高了它的力学性能。总之，斯沃琪手表通过精湛的超声波焊接技术，将所有塑料配件完全焊接和组装在一起，使它耐用并防水，但无法拆卸和维修。

2.4.4　从认知（塑料焊接手表）到概念（不可维修）

因为整只手表是焊接而成的，那么从开始就注定无法拆卸和维修。这样就要求生产工艺必须是完美无缺的，因为高质量的产品不需要维修。拆卸功能不仅会增加产品设计的复杂度，还会在生产过程中增加出现额外潜在错误的可能性。斯沃琪手表的一体性和不可维修的特征意味着对生产工艺和大批量生产技术的高要求。这虽然是一个限制，但是同时也促使公司为了提高质量而锐意进取。创新者利用其来提升工艺性能和手表质量。对此，我们后面还会介绍。斯沃琪手表的高质量还基于简单的结构框架和内部零件数量的减少。我们在这里简单示意一下它的设计路径：一只焊接手表→不可维修→要求无缺陷生产→简化的构造，实现无功耗或者无缺陷的工作→降低整只手表的生产成本→提升手表生产工艺的可靠性。修理手表平均要花费5瑞士法郎，这和斯沃琪手表的生产成本差不多。既然这样，维修还有必要吗？

此外，"零缺陷"生产消除了制造价值链中昂贵的环节。但必须承认，在斯沃琪手表漫长艰苦的开发过程中，许多造价高昂的工艺都被否决：任何不符合预定质量水平的设计都被摒弃，因为该款手表不能维修。尽管可拆卸的设计允许手表出现问题时可更换部分零件。但是，当斯沃琪手表的制造工艺越来越可靠的时候，根本不需要这一功能。传统手表中花费巨大的备件及物流、整个维护链和售后服务在斯沃琪手表这里都轻而易举地消除了！没有备件库存，没有维修服务。虽然这和传统瑞士手表的特征完全不符，但却证明了斯沃琪手表的耐用性，它是一块你可以佩戴终生的手表。由于当时的普通瑞士手表都是可拆卸的，手表生产商不得不根据客户的购买量来配备相应的售后服务以打消顾客的疑虑。当斯沃琪手表联系天梭手表，想利用其销售网络分销斯沃琪手表时，天梭竟然断然拒绝销售这种不能维修的手表。"对我们来说，这种设置完全没有必要。如果你考虑物流、财务及至少一名合格的维修工，大部分的基本维修成本会超过50瑞士法郎。与其这样，最好是用新手表替换坏了的手表。"默克强调道。默克的观点得到斯沃琪的市场人员弗朗茨·斯普雷彻的支持。弗朗茨反问道"如果斯沃琪手表终其一生使用正常，我们为什么需要维修的功能呢？"在斯沃琪手表刚开始上市的时候，瑞士人作为第一批客户经历了首批系列手表的一些质量问题。与传统做法不同，过去客户把坏掉的手表返回到维修站，但是斯沃琪手表的客户却把存在质量问题的手表直接返回原厂。这也不知不觉地促进了生产工艺的稳定性（斯沃琪手表的保质期是两年）。

2.4.5 从产品的认知到初始概念的演进

相比于默克带来的对超声波焊接技术方面的认知，市场和设计层面的认知尽管在这个行业越来越被熟知，但是对于制表的传统公司 ETA 依然是新鲜事物。所以直接从外界获取相关的认知就显得至关重要。一旦掌握这些市场和设计方面的认知，将会极大地提升初始概念 C0 的美学维度，这将开启创新商业方面的巨大成功。至于手表的架构设计，利用原来的认知会显著降低生产成本，C0 概念已提及这点（见表2-7）。

表 2-7 C-K 理论

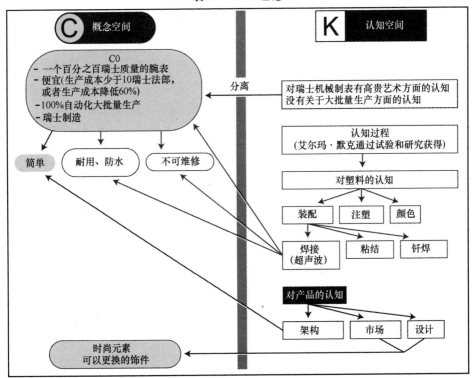

2.4.6 架构的重新设计：一款更简约可靠的手表

对斯沃琪手表内部架构的再定义得益于两位年轻工程师的"酒吧讨论"：他们能做什么去简化它？这不是一个简单地减少零件和连接部件数量的问题，而是简化手表本身架构设计的问题。艾尔玛·默克和雅克·穆勒不仅要用一种可靠、便宜和大批量生产的方式来生产他们设计的手表，还要努力用最少的零件去实现最多的功能。为了实现这个目标，他们简化、消除并重新利用了一些零件。这个阶段的设计归功于雅克·穆勒在廉价表方面的经验。传统机械手表通常有 150 个零件，石英手表有 91 个，但是斯沃琪手表仅有 51 个零件。在概念定义上的巨大投入使结果成为可能并产生了如下两种效果：

- 零件数量的减少使产品更可靠，生产更简单，证明了工艺和产品方面的认知是相辅相成，互相影响的。

- 零件数量的减少对生产成本的降低做出了直接贡献（这验证了设计的初始概念）。

斯沃琪手表的架构再设计中包含了哪些因素呢？石英手表由三部分组成：①表壳（中间部分、后盖和固定的玻璃表盖）；②板上的组装部件[⊖]；③表盘和指针。就是说，一旦表盘固定，将表芯放入表壳里，然后再从上面用玻璃表盖盖住，或者从下面用后盖封住，手表的装配就大功告成了。表芯是由许多零部件组装在一个板子上，包括齿轮等机械零件、不同的支撑结构和电路等。所有零部件通过机械作用连接在表芯上并被安装到表壳中。就像"三明治"一样，传统手表由一系列类支撑结构和多层齿轮组成，就像一艘游轮。这种设计对于自动装配工艺来说过于复杂和多层次，毕竟机器不如人灵巧。传统手表是从上、下或侧面三个方向来组装的［见图 2-3，穆勒（Müller）和默克（Mock），1983］。

斯沃琪手表没有参照传统手表的架构，而是利用表壳的底盖来直接支撑表芯，这就是著名的"bâti-fond"模式。换句话说，直接将表芯中的运动部件放置在手表表壳的底盖之上，既消除了支撑结构，又增强了手表内部运动部件运行的稳定性。

这种将手表表芯中的运动部件直接附着在表壳上的设计就像在轿车中用自承载车身来替代车底盘。此外，把运动部件直接装在表壳底盖的想法并不是斯沃琪手表特有的，该模式早在 19 世纪就已诞生，而且在斯沃琪手表之前，Delirium Tremens 手表的设计中也应用了此模式。这也是为什么有人错误地认为 Delirium

---

⊖ 表芯是组装有所有其他运动部件的一个基本组件。

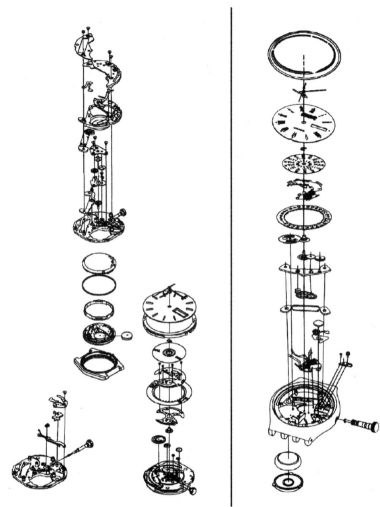

a) 20世纪80年代早期及至今仍在采用的装配　　　b) 斯沃琪手表（只从上部
　 技术(从上、下和侧面组装91个零部件)　　　　　　 组装51个零部件)

图2-3　石英手表与斯沃琪手表零部件的比较

（来源：穆勒和默克，1983）

Tremens 手表是斯沃琪的前身[注]。因为 bâti-fond 模式的应用，手表得以从上面开始装配。这种装配方式简化并提升了装配工艺的可靠性，同时也减少了零部件的

[注] 有许多出版物详细介绍了斯沃琪手表与 Delirium Tremens 手表之间的关系。当然这两个项目有时间上的先后顺序之分，Delirium 在斯沃琪之前。但是除了同样应用 bâti-fond 模式外，斯沃琪手表的构架和 Delirium 没有任何关系。而且，bâit-fond 模式在 Delirium 之前就有应用。更准确地说，默克和穆勒精通制表的关键技术，他们巧妙地利用了制表业常用的方案，但又根据他们的项目特点做出了相应的改变。

数量。而且，斯沃琪手表的基座是由塑料经一次注塑成型而成的，已经包含了可以让零部件附着其上的固定系统。超声波焊接的使用减少了紧固零部件的数量，比如传统的开孔、螺钉和表壳中其他金属固定铆钉的应用等。通过 bâti-fond 模式，第一个安装在表壳底座上的部件是电子架（grill），其采用超声波焊接安装，可有效地减少既贵又重的紧固零部件的应用。然后是固定线圈，接着是手表的动力模块，后者带有分隔链条，通过阻断塑料和金属的接触来散热。采用超声波焊接技术大大减少了对表壳内固定零部件的依赖，同时也优化了生产周期。最后，默克和穆勒决定简化现有的引擎设计。在这之前，他俩花了很多时间去研究现有的引擎并设计新引擎。引擎的主轮带动秒针旋转，它通过超声波焊接和指针连接在一起。另外一个副轮和显示日期的表盘连接在一起。

　　1981 年 3 月 6 日授权的专利（专利号 CH 643704），总结了斯沃琪手表在简化设计方面的成就。专利中提到"一个类似电子显示的手表，它架构简单，容易制造和大批量生产。厚度虽然减薄，但元器件之间依然有足够的空间以保证其可靠地运行。"

2.4.7　市场认知的出现：时尚维度

　　"我和穆勒想生产一款畅销手表，可以帮我们在与亚洲手表公司的竞争中获胜。因为受困于制造成本，我们希望设计出的手表能重获低端表的市场份额。这应该是一款在亚洲、非洲和南美洲都非常有竞争力的手表。"默克解释说。但是人们为什么要买一块便宜的手表呢？价格肯定不是促成消费者购买的唯一因素。必须有新的概念去促进斯沃琪手表的销售。这个概念来自 ETA 外部，换句话说对市场的认知是从外部引进的。

　　因为瑞士制表业联盟的明确劳动分工，以及 ETA 一直只专注于手表零件生产的事实，导致这个行业的组织架构，特别是 ETA 的架构还没有做好准备去勇敢面对工业自动化的挑战。通晓全球化市场战略的人才更是少之又少，这也是斯沃琪项目从外部引进市场策略的原因。1981 年 4 月，托姆从外面请来独立市场专员弗朗茨·斯普雷彻，帮助这个项目增加对消费者认知的维度。市场计划不是去质疑斯沃琪的设计，而是利用其设计概念和工程方面的认知构思出一个新视野。弗朗茨·斯普雷彻从一开始就强调价格低廉不是这款手表存在的理由，因为日本已经在市场上提供了价格便宜的手表，但是这些手表质量很差，没有独特的设计。所以，弗朗茨·斯普雷彻认为手表最好的销售策略就是定位此款手表是一款时尚品。它绝不是一个质量平平的计时器，就像我们要经常更换衬衫和领带（见图 2-4），为什么就不可以天天换手表呢？为了在众多手表中脱颖而出，斯沃琪手表必须色彩鲜艳。在美国最大的手表经销商布鲁明戴尔百货店[⊖]（Bloomingdale's）的建议下，斯沃琪手表后来问世了多款令人耳目一新、大开眼界又千变万化的设计。1982 年，斯沃琪手表在美国进行第一轮商业推广后，布鲁明戴尔百货店要求 ETA 提供该款手表更丰富、更时尚的设计系列，而且这些设计要每六个月就能更新一次〔穆勒（Müller）和默克（Mock），1983；特鲁瓦（Trueb），2005〕。

弗朗茨·斯普雷彻和恩斯特·托姆想把手表变成经常变换的时尚饰品，就像领带和耳环一样。弗朗茨·斯普雷彻把斯沃琪比喻成"嘀嗒的时尚"。这不仅是把科技产品定位成时尚品的关键转折点，还是市场认知上的一大创新。斯普雷彻丰富了斯沃琪的原始概念，他改变并发展了斯沃琪。同时，他要把斯沃琪做成举世闻名的品牌，把自己定位

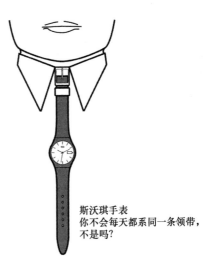

斯沃琪手表
你不会每天都系同一条领带，
不是吗？

图 2-4 斯沃琪手表—时尚附件
（来源：穆勒和默克，1983）

成在这方面具有独到眼光的战略家。斯沃琪的两位市场专员介绍了这个概念的出处。此概念由托姆和斯普雷彻在第一次互动时碰撞而来，是个看起来异常矛盾的表达："它是一款手表，但又不仅仅是一块普通的手表，而是一款特别的手表，既传统又前卫，既源自过去又放眼未来。以先进技术做依托而令人着迷。它能满足所有消费者的需求，从最保守的到最有名望的"〔科马尔（Komar）和普朗什（Planche），1995，第15页〕。但它绝不是劳力士手表的复制品，它无可替代并一直在以自己的方式创新。斯沃琪是块手表，但又不是普通的手表。这就是为什么用如此矛盾的话语来定义这一创新概念。可以说他们开创了创新概念的一片崭新空间。这区别于过去所有改进现有手表外观的方法（比如浮夸的设计、看起来更漂亮、镶嵌宝石、方形表盘等）。而且，我们把看似矛盾体的未知特征（即我们从未见过的属性）和已知的特性（手表的表链、指针和表盘）有机地结合在一起。斯沃琪的与众不同之处在于它对手表的重新设计。这个概念诞生的先决条件首先是严肃地质疑手表到底是什么。以前我们认为这个问题的答案是理所当然的，但是新概念让我们得以触及以前从未考虑的部分，又同时保留了手表的传统功能，让消费者看到的依然是块表。手表界的新时代已经来临（见表2-8）！

⊖ 布鲁明戴尔百货店（Bloomingdale's）与美国最大的百货公司梅西（Macy's）是姊妹店。开创于19世纪末的布鲁明戴尔百货店长久以来在潮流和典雅中优美地平衡着。——译者注

表 2-8　Swatch（斯沃琪）名字的由来

> 1981 年 9 月，这款手表在纽约被命名为 Swatch，这是一个原创的名字，是 Swiss 的首字母和手表 watch 组成，很容易记住，而且无论用何种语言读起来都朗朗上口。有些文章中说它是第二块手表（即英文 Second 的首字母），但事实并非如此，否则就是将斯沃琪降格为第一块手表的替代品。弗朗茨·斯普雷彻的想法是既然斯沃琪手表独具匠心，那么名字也要别具一格。1981 年夏天，他和美国广告公司一起合作，这家公司过去在他们的文件中把瑞士手表（Swiss Watch）简称为 Swatch。弗朗茨喜欢这个名字，于是 Vulgaris 就变成了 Swatch。就这么简单！托姆想直接保护这个名字，但是遇到了难题。所有在瑞士制造的手表都以被称为瑞士手表而自豪。幸运的是在美国单词中 Swatch 的意思是时尚衣服的优惠券，所以这个名字可以被保护。从此，该款产品就有了 Swatch 这个新名字。

斯普雷彻还考虑如何使产品拥有永无止境的新体验，即通过在市场上不断投放新产品，让斯沃琪在其生命周期里永不停息地更新。在那个年代，产品的生命周期被清晰地定义在一定时间期限内。在此期限内，产品本身没有任何再设计。所以在当年，这绝对是一个新颖的做法。"斯沃琪的市场成功要归功于市场天才斯普雷彻和马克斯（人称疯狂马克斯）。正是他俩了解到斯沃琪绝不是在某些国家罗斯科夫（Roskof）手表的替代品，而注定要成为一种生活方式"[特鲁瓦（Trueb），2010]。斯沃琪手表将拥有一切时尚的元素、就像尼古拉斯·海亚科的感慨"日本的廉价手表在这个市场泛滥，但是他们不具备我们的文化和创新的能力。我们先创造出这款丑陋的塑料手表，然后再赋予它我们所有的创造力，即鲜亮的色彩、高调、清晰的图案和没有任何多余修饰的设计"[泰勒（Taylor），1993]。

分销手表也是整个创新设计过程中的一部分。应该记住，起初瑞士的零售商都不想销售这种塑料手表。托姆解释说："我们尝试了一切办法，从主流品牌自己的销售网络到大型超市，从体育用品零售店到折扣店，他们都拒绝和我们合作。但是随着斯沃琪手表在市场上大获成功，他们后来又都反过来联系我们……"⊖

2.4.8　设计认知—概念延伸—精致产品

一旦默克和穆勒确定了手表的结构，就面临着设计的问题，比如对外形尺寸的精确定义。弗朗茨·斯普雷彻建议的时尚腕表的概念影响了对斯沃琪外形的选择，这其中我们可以看到"设计认知"和"设计概念"的不同贡献。

设计师被告知不要仿制那个时期的金属表盘，那只是一种参考。虽然用其他材料代替金属制作表盘比较流行，但是却存在设计上的缺陷。怎样让塑料变成被

⊖　这段话源自撰写本书时，吉勒斯·加雷尔对恩斯特·托姆的采访。

大家认可的材料呢？为了实现这点，设计师提出表壳形状的中性设计。就像水一样，清淡、无色、无味。斯沃琪招人喜欢是因为它不张扬，手表的设计必须简约中性。表壳的设计切忌哗众取宠，大众化的设计让斯沃琪手表更容易被消费者广泛接受。正是外观设计上的优势，让斯沃琪深受世界各地人士的喜爱。

托姆不仅擅长利用内部资源，还把外部资源同样化为己用。记录显示，项目开始之初就有两位设计师同时在这个项目上工作。他们是 G·库兰和汉斯·佐格。G·库兰来自一家金属产品公司，作为托姆重组计划的一部分，这家公司刚刚被ETA 收购。G·库兰绘制了上百张草图，设计出里拉琴形状（一种古希腊琴，U形）。斯沃琪手表至今还保留好多这一设计的特征。汉斯·佐格是从外面请来的设计师，他没有手表行业的背景，擅长领域是室内装潢和家具设计⊖。汉斯属于极简抽象艺术派别，他设计出了许多简单中性的表盘，这些大方的设计能够经受住时间的考验。项目一开始，托姆只给了六个月的时间期限，到了时间节点的时候，斯沃琪手表的所有技术细节和美学标准都已经被定义出来，并且制造出了样品。ETA 的管理层批准了斯沃琪手表著名的里拉琴式外形，但是后面还有非常多的设计工作要做，比如表壳、玻璃表盖、指针、表带和表盘的设计。

斯沃琪艺术设计的定型工作是由玛丽斯·斯密特和伯纳德·穆勒（雅克的哥哥）来主持。他们都是自由设计师，他们的故事在"Swatchissimo"一书中有详细介绍。在项目开始时，托姆否决了几款设计，因为它们太新奇，太花哨了。这样有可能使未来的手表变成简单的塑料小配件。穆勒和斯密特最终完成了简约又有质感的优秀的设计。外形上男女皆宜，"斯沃琪是一款外观纯粹，功能直观，美感十足，价值永恒的手表。它的零件设计精细，整只手表质量牢靠，表盖清澈透明，还有防水功能。一段时间以来，所有这些构成斯沃琪手表的重要元素成为描述创新的核心内容"［科马尔（Komar）和普朗什（Planche），1995，第13 页］。手表的表壳不仅是为了包裹机芯而设计更是为了装饰腕部。斯密特和穆勒特别注意手表的外观、连接处和外部零件的设计，使斯沃琪达到审美上的完美平衡。他们创造出了具有极简主义设计理念的产品。

将工程师对塑料特性的认知与设计师对创造力的把控有机地结合在一起，造就了斯沃琪手表别具一格的色彩。具体来讲，工程师必须和设计师分享塑料特性

⊖ 让我们看看最近的一些案例。在另外一个行业，苹果公司的产品达到设计的巅峰，这个要感谢乔纳森·伊。伊的事业从 Tangerine 公司开始，这是一家位于伦敦的小型设计咨询公司。他于 1990年创立该公司。两年后，苹果招募他给苹果电脑进行外观设计，伊当时也为 Ideal Standard 公司设计浴室，就在那时他想出了 Powerbook 笔记本的外观设计。虽然他的家具设计未被 Ideal Standard接受，但是他的 Powerbook 外观设计却极具创意。苹果公司雇用了伊，他也随之搬到加州。就在乔布斯回到苹果公司的几个月前，伊成为苹果公司工业设计部门的主管。在 iMac 上市后，所有苹果产品的外观都被重新设计。

方面的常识，以及塑料的生产工艺，尽管在那个时候，还没有人能想象到斯沃琪上市后会拥有如此丰富的色彩、款式和不同系列的设计。这归功于塑料注塑成型专家，他们解决了诸多对设计师创新可能造成限制的问题。艾尔玛·默克传授给设计师许多塑料方面的知识，包括塑料的物理特性、注塑成型技术的不足之处和塑料手表的着色问题等。伯纳德·穆勒不仅学到了关于塑料的基本知识，还学到了许多关于其他材料的知识。艾尔玛·默克非常幽默、聪明。他仔细地分析塑料表壳，研究不同零件的优缺点及材料之间的兼容性和非兼容性。设计师玛丽斯·斯密特通过勤奋学习，获得了这个领域的超强行业背景，令她得以扩大自己的研究领域和试验对象［卡雷亚（Carrera），1991，第49页］。设计上的认知进一步验证了工艺上的认知。斯沃琪手表从模具里出来时必须没有任何凸起的部分。这块手表的触觉和视觉良好：柔软、哑光、光滑。拥有良好触感的塑料来自磨砂模具，然后再通过聚合树脂一次成型。但是连接表带和表壳部分的设计就没有这么顺畅。经过第一批表带的一系列不成功试验，工程师提出了铰链设计模式。后来铰链设计成了斯沃琪手表独一无二的特征。默克还花费了很多精力研究怎样把用来制造手表的塑料材料做得透明（见图2-5和表2-9）。

图2-5 斯沃琪的铰链表带

表2-9 斯沃琪的铰链表带

传统的表带是用一个小金属棒（或针）穿过表带，然后固定在表壳的两端。斯沃琪塑料手表则是在表壳上设计出几个锯齿，以便和表带牢靠连接并加强对拉力的对抗。1981年圣诞节，300块配备传统表带的Zaugg型手表被用来做测试。测试目的不是为了销售，而仅仅是把它们戴在手腕上，让它们自然磨损。测试结果是三分之一的表带出现了断裂。这么高的残损率，表明手表的设计还未达到投放市场进行销售的状态。如果不加以改进，斯沃琪项目的冒险之旅可能就此打住。而且，表壳和表带之间连接的设计远没有达到审美效果。还有一个突出的问题是男性或女性的手腕宽度有所不同，戴上去是否漂亮也大相径庭。但是恩斯特·托姆要求这款手表"要戴在每个手腕上都漂亮"，那么就有必要用创新的方法来解决这个问题。1982年的春天，工程师们（又是他们）提出了铰链式设计使这个项目得以顺利进行，就像你在门上看到的铰链一样，这次不是更改表带，而是把它装在表壳上的方法做了更改。通过引进四点式铰链，拉力的影响减少到原来的1/25。这样不管手腕的粗细，整个"表壳和表带"之间实现了出色的抗机械拉力性能。因为出色的抗机械拉力，斯沃琪为铰链表带的设计申请了专利。总而言之，铰链式设计完美地使表带和表壳合二为一。设计师玛丽斯·斯密特和伯纳德·穆勒与工程师们合作，在技术设计的同时融入美学设计。有了技术与审美的完美结合，斯沃琪手表一上市即成为市场焦点。铰链式设计成为斯沃琪手表和斯沃琪集团独一无二的产品标识。后来，这个"视觉签名"（visual signature）被应用到斯沃琪品牌的所有其他型号的手表中。铰链式设计已经成为区分斯沃琪产品和其他抄袭者的典型特征。在和仿冒品的斗争中，这款结构简单的铰链式表带设计专利起到了重要作用。用C-K理论来讲，工程师的认知创造了"手表/表带"的一体式设计，它具有视觉签名的效果和极高的产品识别度。

在 1984 年两个系列的手表上市后，设计师简·罗伯特[⊖]加入斯沃琪，他给斯沃琪的设计注入了新的艺术感觉。斯沃琪米兰实验室和设计师凯西·杜尔是众多专业设计师的先驱，他们一起合作设计出一个又一个斯沃琪手表的主题。1984年，斯沃琪在美国的市场总监马克斯·伊姆古斯建议斯沃琪应给每款手表和珍藏品取一个别致的名字。就这样通过集体的创造力，而非个人，斯沃琪手表征服了全世界，它不仅是一块价格低廉的塑料手表，更是一款时尚品，代表年轻、荣誉、运动精神和前卫。

2.4.9　生产工艺的设计

为了了解斯沃琪的生产工艺设计，让我们先了解一下瑞士手表业的历史，可以看到斯沃琪的设计和投产过程还是非常激进的。在此之前，尽管有些尝试，但手表生产的完全自动化在历史上还是前所未有的（见表 2-10）。

表 2-10　一个传统上罕见工业化的产业

瑞士制表业并不是总和生产制造自动化唱反调。实际上，早在 19 世纪末，面对美国公司强有力的竞争，它们不得不使自己尽快适应这一趋势。这些美国公司，通过对枪械和缝纫机制造技术的转换，成功地在新工厂里实现了手表的标准化生产［东泽（Donzé），2009，第 26 页］。1876 年，在雅克·大卫和西奥多·格丽的著名报告中介绍了美国制表业的自动化，以及如何通过更换一些零件就可以大批地生产手表。两个瑞士人被美国模式深深吸引。在 1920 年到 1960 年间，腕表日渐流行，瑞士生产的手表越来越大众化，在此期间销售出大量价格低廉的机械手表。
尽管销售策略做出了适应大众市场变化的调整，但是各种品牌的市场战略却依然固执地坚持奢华和精准这两大目标。有两个原因导致自动化生产一直没有被大量应用。首先，手工或者半自动化生产使侏罗山地区家族企业的工作得以保留。其次，瑞士手表品牌拥有众多的纵深产品。因为产品数量巨大、模板和材料各不相同，所以要实现标准化并进行自动化生产实际上是不可能的。相反，手工方面的关键技术造就了这个行业的贵族气质，正是这些关键技术成就了产品的复杂性和多样性。例如，如果位于丰泰内梅隆的制造工厂以工业自动化方式生产 ebauches 牌手表，那么从 19 世纪初开始，大概会有近千种不同的机械手表型号提供给消费者。仅凭这点就不可能实现工业自动化［东泽（Donzé），2009，第 31 页］。"1870 年，仅仅在拉夏德芬地区，就有 67 个不同的专业分工，在这个地区有 1308 个独立的车间。许多小公司专注于手表特定的制造工艺"［东泽（Donzé），2009，第 17 页］。
最终瑞士手表业的专业发展方向变成了不断地追求产品质量的提升和产品设计的多样化，而不专注于生产工艺的合理化。直到 19 世纪末，这个行业也仅在局部实现了工业化生产。没有大工厂，只有小的制造商或车间。"1923 年，瑞士制表行业存在 972 家工厂，平均每家工厂只有 35 名员工"［东泽（Donzé），2009，第 111 页］。在整个瑞士制表行业，存在众多没有被资本化的小家族企业，它们在行业行政区内的手工台上工作。斯沃琪通过整合将手表生产标准化，才能彻底打破这种传统。

⊖　简·罗伯特曾是 Fogal 公司的女性袜子设计师。他亦是经过培训的雕刻师，是在简化形状设计艺术方面的专家。他的经验给斯沃琪的设计带来了新视野。

2.4.10　斯沃琪的标准化生产和丰富的产品线

有了自动化生产，你可以轻而易举地生产出几百万只相同的手表，但是在一个以多样性著称的行业里，你如何去销售这些看起来别无二致的手表呢？或者说，当你生产一款标准化的产品时，你怎样让市场相信你生产的产品有所不同（一款为我们每个人设计的手表，还是一款为所有人设计的手表）？生产或运营管理专家用"延后的差异化"来形容生产工艺过程。制造流程虽然标准化，但是在生产过程的不同阶段尽可能加入某些差异化元素使产品在消费者看来更独特和有价值。尽管相同的斯沃琪手表生产了一批又一批。但是在相同的组装线上，最后的组装阶段却创造了差异化，即设计丰富的图案、色彩和标识。如下四个特征中仅变化其中之一就可以使斯沃琪手表与众不同：颜色、表盘、指针和日期显示。设计上的创意使斯沃琪成为手表史上的重要发明，但是从工艺角度看，它们是标准化的产品，制造成本低廉。

斯沃琪的成功始于从项目开始即做出正确的工业战略选择。它得益于 ETA 的工程实力，这个实力远远超过艾尔玛·默克和雅克·穆勒在项目伊始时做出的努力。回顾历史，可以发现，为开发斯沃琪手表的工艺所做的工作确实比产品本身的开发更重要。

2.4.11　从初始概念的即兴创作到批量生产

1980 年 12 月，斯沃琪手表的第一个样品完全是手工装配的。1983 年，80% 的预组装工作实现了自动化，但是离整表的自动化生产还很远。斯沃琪在瑞士上市并大获成功，销量达到预期的 10 倍。但当时的工业自动化生产设备显然还没有为斯沃琪手表的大卖做好准备。首批 100 万只手表是由 300 位女工在位于格朗日的一个装配车间里手工组装而成的。这也促成了工会的成立。在斯沃琪最初上市的三年里，手工工艺和自动化工艺相互协作。首先由机器预组装手表的小零件，然后由工人手工完成最后的成品装配工作。实际上，之所以所出售的第一块手表不能实现自动装配，是因为整个生产过程中的诸多细节问题还亟待解决。当收到客户退回的有质量问题的手表后（斯沃琪手表不可维修），才不得不进一步改进并完善整个生产工艺。因此，即使斯沃琪已经上市，产品的生产工艺还是一个持续改进的过程。大概在 1985 年至 1986 年，斯沃琪的生产工艺链才最终稳定运行。

2.4.12　独创工艺下的独创产品，反之亦然

斯沃琪手表的整个工艺过程实现了自动化。每一块斯沃琪手表由 51 个零件构成，其中一半的零件（25 个）是在到达组装线之前就已经预先组装好的。

组装线上包括 12 个工作台，每个工作台都有 5 个独立的操作步骤。像许多流水线一样，斯沃琪的生产线上设有众多检测步骤，比如对单个零件的检测，还有对预组装的组件或模块的检测，以及在终检之前对组装工艺的检测等。ETA的质量部门甚至建立起一个数据库系统来统计各种必需的检测和测量。这称得上是一个全面质量管理的精益生产系统。在那时的欧洲工业领域，这种做法很罕见而且与众不同。在大约为期 1 小时的生产周期中，每三秒钟就生产出一块斯沃琪手表。之后，通过自动工序，每块手表都要经过严格的测试，在 24 小时之内，要经过防水、高温和压力测试。每款斯沃琪手表都要通过 5 千克的压力测试。如果你把手表放在桌子上重击，所有的低端手表都会粉碎，但斯沃琪不会。在终检之前，所有元器件和预组装件都做了相应的检测。工艺的复杂性决定了斯沃琪手表的生产只能放在瑞士，而不能从人力成本低的发展中国家外购（见表 2-11）。

表 2-11　C-K 理论

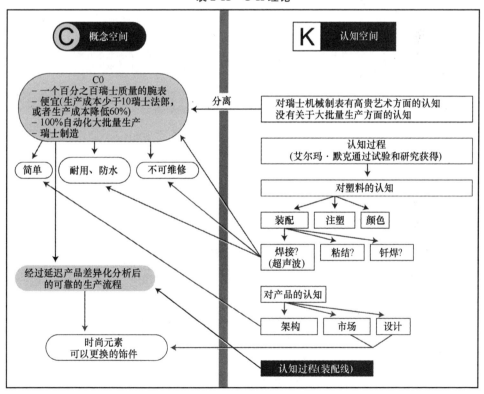

1980 年 4 月，即项目启动伊始，艾尔玛·默克还在 ETA 位于格朗日的工程部门工作，并向威利·塞罗斯汇报。这样的组织设置能帮他获得所需的设计资

源。这个部门后来和位于丰泰内梅隆的另外一个工程部门合并，变成一个拥有几十名工程师和技工的大团队。他们是项目最初的中坚力量，在该项目的巅峰时期，有 200 人参与工艺开发。在 1982 年至 1985 年期间，默克担任工程材料部的经理，但他依然是那个心系产品制造工程的男人，直到 1986 年他离开 ETA。

2.5 总结

这里描述的斯沃琪的最终 C-K 树状图，追溯了隐藏在最终形成创新的概念之后的思考模式。在表 2-12，认知空间中的灰色框图区分了完成这个项目所需的三种认知。

表 2-12 C-K 理论

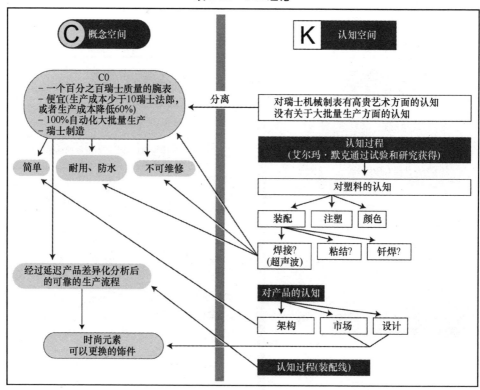

2.5.1 从突破式创新中学到的基本管理经验

产品与工艺过程的基本相互作用。

在这个项目中，工艺过程的不断改进为新产品的诞生创造了条件。同时通过生产新产品又进一步促进了工艺过程的持续改进。传统创新理论分为两个阶段，即产品自身的创新阶段和工艺过程的创新阶段。首先是产品的创新，然后才是工艺过程的创新，但如果把它们明显地割裂开来显然是不合乎逻辑的。

一方面，手表的结构简单可靠，制造成本低的特征会对生产过程造成约束。而且，当斯沃琪的制造工艺越来越可靠时，产品的不可维修性的概念就自然而然地浮现出来了。

另一方面，产品的某些特性会影响到工艺过程的选择，比如，零件数量的减少简化了制造工艺。对手表质感（磨砂、柔软、触感舒适的塑料）的追求迫使工程师和设计师们一起合作改变整个制造工艺。在本案例中，产品设计上的认知对最终工艺的选择起到了至关重要的作用。

通过产品和工艺之间的相互作用，最终工程师们赞同创新设计师们提出的概念。创新的设计师们也认可了工程师在材料和工艺上的专业认知。按照公司的设计战略，这意味着"阶段关卡"式的线性方法是行不通的，因为在这种策略下，项目一开始就制定出了每个阶段的目标，然后通过这些逐渐实现的目标来定义每个结点的里程碑。但是斯沃琪的生产恰恰是根据新获得的认知不断地对生产工艺过程进行再定义。对于一家公司的产业战略，或者甚至对于一个政府的产业政策来说⊖，怎样能既保持产品创新的总体远景，又集中投资到所需要的生产工艺中，这对于战略的成功实施至关重要。概念—认知树状图（即 C-K 树状图）很好地表明了资金是怎样直接投入生产工艺过程中的，以及这些生产工艺过程和所生产出来的产品的特性是如何直接关联的，反之亦然。

2.5.2　获取知识需要时间

艾尔玛·默克的早期职业生涯表明了他是多么拼命地去摆脱各种各样的控制，直到他意识到他不得不通过不断地发明创新去继续这场公司游戏。那时候，ETA 的经理弗里茨·肖勒允许他秘密地用工作时间去进行注塑机的各种试验。可以说对塑料的认知正是那时渐渐深入默克的脑海，这对后来斯沃琪的发明至关重要。先是 1976 年他加入 ETA，然后是 1978 年公司派他去深造塑料工程学，接着是 1980 年 3 月 Vulgaris 项目启动。让一名员工花如此长的时间去掌握并应用开发新产品所需的相关认知，同时还给他可观的薪资报酬。现在的公司能做得到吗？

2.5.3　得到导师型领导的保护

在斯沃琪项目中，公司高管恩斯特·托姆的角色不仅仅局限于一些支持和跨层级的授权，以及在一些投资申请上签字，他更是一位导师，一名教父，他

⊖　联邦政府唯一一次干涉瑞士手表业的发展发生在 20 世纪 30 年代。

是这个项目的守护者。在这个项目中，托姆始终信任团队，并且让这些创新者们拥有完全的工作自由。专题文献经常强调说创新必须得到管理层的完全支持，他们不但要清晰地承诺，而且还要参与其中。但是管理层采取的新规则常常和传统的管理制度相违背。这就要求创新型导师既要承担可能失败的结果，又要坚持打破传统。这其实是置自身于一个非常危险的处境。托姆坚持把这两位年轻的角斗士放入竞技场，但他自己也从未离开，特别是在项目遇到困难的时候。

2.5.4 制图、原型和描绘

对于恩斯特·托姆来说，1980 年 3 月，默克和穆勒的图纸来得正是时候。当时他正和他的管理团队考虑发明"另一块手表"。关于这点，他已经询问过研发（R&D）团队。遗憾的是研发团队没有让托姆得到他心心念念的创新产品。而正在这时，默克和穆勒的图纸却给托姆的想法带来了一线曙光！对于创新者来说，这也说明能向决策人清晰地汇报工作的能力是多么重要！有说服力的汇报形式包括即将设计出来的产品的图样、模型、原型等（见"结论"部分）。

2.5.5 对熟悉或不熟悉认知的再利用

虽然再设计长期以来都是众多创新策略中的重要构成部分，但是对已有产品进行再设计时，往往需要借鉴很多之前的基础认知。因此在新性能揭示之前，很难让客户眼前一亮。这就要求对既有产品进行再设计时，一定要做出新意。

斯沃琪案例中概念的启动借用了许多制表业已有的认知：早在 1880 年 bâti-fond 模式就申请了专利；Fortis、Oris 等品牌已经有价格低廉的塑料手表上市。手表中设置时间的标杆受启发于 20 世纪 30 年代的西马牌（Cyma）小摆钟。Battlach 开发了简化的拉韦引擎。就这样，两位工程师在他们项目之初的知识库里面已经收集了相当多的知识储备："我们必须先知道已有的一切，然后才能对一知半解的事物产生好奇心。"L·特鲁瓦（2010）在撰写关于艾尔玛·默克和雅克·穆勒的故事时记录到。这两位工程师不仅非常熟悉最新的现代技术，而且他们亦是制表技术的谱系专家和历史学家。就像弗朗茨·斯普雷彻总结说："如果你不刨根问底，你是不会发现什么有价值的新东西的。"

还有些用来再设计的知识来自于制表业之外的其他领域和行业。比如，我们已经看到，有机玻璃与 ABS 塑料外壳的焊接是如何在汽车车灯上普遍使用的。超声波焊接技术被广泛地应用在斯沃琪手表中，用焊接来代替粘结、螺纹连接、铆接及其他昂贵的镶嵌零件。这其实也借鉴了机械手表制作中的一些典型应用。有时候在冥思苦想出新设计之前，必须收集特别多的相关领域的认知。

关于认知的范围，有两点必须强调。一方面，要通过认知开发出具有最先进技术水平的设计，而不是一般水平的设计。为了实现这一目标，我们要不断问自己："我们还有什么不知道的？"（见第3章KCP设计工作坊）。答案会揭示出公司目前存在认知的不足和局限所在。另一方面，获取新的认知是个漫长而又困难的学习过程。在当今这个不习惯刻苦学习和广泛利用新知识的时代显得愈发严重。专家并不总是愿意质疑他们自己的认知，尤其是那些熟悉的认知已经让他们建立起自己的专业舒适区。

2.5.6 不走寻常路，准备突破

在开发斯沃琪手表之初，ETA在外部市场的竞争优势乏善可陈，公司内部人人自危。在那个混乱的时期，每个人既存在对明天的恐惧，又渴望自由的感觉。就好比一个国家，战争已经打开所有的监狱大门，有些犯人却依然固守在牢房里不愿出来，这似乎也很正常，但是也有些犯人决定逃出牢房开始新生活。就在聪明与疯狂之间，在属于"气态"还是属于"固态"之间（见第4章），默克和穆勒选择了他们自己的属地。本来ETA不能容忍这种反常行为，但是在危机中，ETA不得不退而求其次地接受这种无组织主义和创业行为。ETA对此项目的支持态度不能简单地概括为是对正常状况的偏离，因为它没有在后危机时代回复原状。这种模式是未来创新公司发展的先兆。实际上，艾尔玛·默克通过项目的执行，已经在有意无意地为他后来创建创新狂（Creaholic）公司积累经验并做准备。我们后面会详细讲述这家致力于突破式创新的公司。

2.5.7 不要为否定而仓促地判断或者贸然认为某些事是不可能的

斯沃琪项目的开发充斥着众多批评和嘲讽，因为它彻底背叛了传统的瑞士制表业。塑料、巨量、廉价……这些特点没有一样在当时被认为是可以行得通的。尽管斯沃琪手表的某些初始概念在当时的手表界已经有迹可循，并为其打开了设计空间，但是斯沃琪是与众不同的手表。为了创新，必须利用现有的认知空间不断向前发展并持续改进它。

恩斯特·托姆不但信任默克和穆勒，而且愿意"花钱去尝试"。在1980年3月，当两位年轻的工程师向他展示未来的斯沃琪手表时，那还只是一个原始的想法。没人知道将来会发生什么。在当时，完全不可能知道毛毛虫能否在将来一飞冲天，变成一只漂亮的蝴蝶翩翩起舞。当你根本不知道接下来会发生什么的时候，你该怎样做决定呢？许多创新没有跨过"毛毛虫阶段"，或依然还在"虫茧的阶段"就夭折了，因为越来越多的经理们需要风险分析、投资回报率研究，以确保市场机会确实存在，但很多时候初始概念就这样被他们扼杀在摇篮中了。

2.5.8 斯沃琪手表的商业上市

1982 年 11 月，当一万块斯沃琪手表（具体数字可能记不清了）在美国得克萨斯州的休斯敦上市后，第一批手表的正式发布会（实际上包含十二款不同的型号）于 1983 年 3 月 1 日在位于苏黎世的亚特兰蒂斯酒店举行。默克和穆勒当时也在会议现场。

在美国的上市虽然不成功，但是提供了关键性的学习经验，从而有助于将斯沃琪和其他手表区分开来。实际上，进军美国市场对 ETA 来说只是做个测试，即检测斯沃琪手表的设计迭代过程：快速高效地工作、立即反应、学习和再次验证。分销商布鲁明戴尔百货店的首席执行官马文·特劳布（Marvin Traub）拒绝推广销售这样的手表。他要求 ETA 做到每六个月要至少有 20 款新型号的表问世才行。不仅颜色上要有变化，还要设计出不同的新款式。因此，布鲁明戴尔百货店是第一家通过自己的要求，指导 ETA 生产出不同款式、不同色彩手表的分销商。它为斯沃琪的成功做出了贡献。

同年后期，手表也在美国、德国和英国上市。但美国市场依然对这种塑料手表不感兴趣，欧洲和瑞士的消费者却接受了它。最初的售价在 39.9~49.9 瑞士法郎⊖。市场研究预测显示在瑞士一年最多销售 5 万只这样的手表，但实际上第一年就卖出了 50 万只。

对于瑞士制造的手表而言，斯沃琪的价格适中，加上成功的广告推广和瑞士市场的大力支持，斯沃琪在问世之初即被推向市场。"用'突然'一词来形容斯沃琪的成功一点儿也不过分。不仅是思考问题和行为的方式不同，更给我们一个全新的角度去看待它的成功"［海纳德（Hainard），于卡莱拉，第 10 页］。随后，瑞士整个国家的制表业开始经历巨大的变化。在斯沃琪上市六个月后，位于格朗日主管斯沃琪市场部的康斯坦丁·泰勒预测，在瑞士境内将会销售出 1 万只斯沃琪手表。1984 年，斯沃琪被《财富》杂志评选为年度 12 款创新产品之一。同年，ETA 总经理把年度销售目标定在了 10 万只，然而截止到 1985 年 8 月 2 日，就已经卖掉了 22 万只⊖。1985 年，据瑞士制表工业主管介绍，瑞士制表业又得以重生⊜。按照数量计算，斯沃琪的销量正呈爆发式地增长：1984 年销售了400 万只；1985 年销售了 800 万只；1986 年销售了 1200 万只；1987 年销售了 1300 万只；1988 年销售了 5300 万只；1993 年则卖掉了 1.54 亿只……

在斯沃琪手表上市之初，瑞士媒体非常喜欢两位发明者艾尔玛·默克和雅克·

⊖ 1993 年秋季，斯沃琪的标准售价固定在 50 瑞士法郎。
⊜ Le Matin Tribune，1983 年 9 月 23 日；Le Democrate，1983 年 10 月 3 日。
⊜ L'Express，1985 年 10 月 9 日。

穆勒，邀请他们到处接受采访、演讲。"日本表雄霸天下的时代结束了！"这两个家伙在一次采访中得意地说，在相关图片中可以看出他们的喜气洋洋。但是不要忘记，就在几个月前，瑞士正在经历一场前所未有的严重经济危机，是斯沃琪手表的成功让他们重新点燃了希望。

2.5.9　物是人非

在手表成功上市后，斯沃琪的两位设计师走上了不同的道路。斯沃琪的传奇故事将被重新编造：官方的版本说它是商业上的成功，再加上创新工厂的神话。雅克·穆勒走上了 ETA 技术部门的管理岗位。直到 1985 年，他乘坐的飞机遭遇空难，让他不得已住了 8 个月的医院，又历经多年才恢复健康。直到 2013 年，雅克·穆勒还在为斯沃琪集团工作，当时他的职位是某一个研究实验室的总监。

至于艾尔玛·默克，继斯沃琪在手表领域的成功之后，他为天梭（Tissot）开发了另外一款成功产品，即岩石手表（Rock watch），这是一款由宝石镶嵌而成的手表。但是接下来，在和雅克·穆勒经历的同一次空难中，默克失去了弟弟史蒂夫。史蒂夫也在 ETA 工作，雅克·穆勒也在那次空难中差点丧命。艾尔玛·默克当时还不到 30 岁，领导着一个团队，并承担着许多责任。他觉得大公司的种种繁文缛节再也无法满足他的创新欲望。他花了很长时间去适应新的组织结构却再也回不去那个令他着魔的疯狂创新年代，而且他发现自己总是和 ETA 深得 CEO 信任的管理层意见相左。艾尔玛·默克不满意 ETA 将自己定位于开发而不是创新的组织。前者的目标就是再生产数以百万计的高质量的手表。1986 年，他向 ETA 提出辞职，并且在比尔市创立了自己的创新科技公司（Createc），后来改名为创新狂（Creaholic）。斯沃琪手表的成功并没有使艾尔玛·默克变得富有，1983 年，他仅获得 700 瑞士法郎的奖金，那时他被告知这已经是在经济危机中所能得到的最慷慨的报酬。自 1986 年以后，在所有有关斯沃琪手表如何大获成功的故事中，ETA 官方删除了艾尔玛·默克的名字。

直到 1991 年，恩斯特·托姆还一直任职 SMH 集团的董事长。在和 CEO 尼古拉斯·海耶克的冲突中，他直言不讳地指出公司太过重视短期利润最大化而忽略了长期战略发展，而且他的管理风格和海耶克的也格格不入。他于 1992 年强调说"今天的 SMH 集团已经不可能允许斯沃琪手表的发明。"[⊖] 在托姆离开后，海耶克在 SMH 集团里没有任何竞争对手。于是他把自己包装成瑞士制表工业的救世主，即使托姆在离开时提醒过他既不是"弥赛亚"，也不是斯沃琪之父。

⊖　Le Pays，1992 年 1 月 4 日。

2.5.10　谁才是斯沃琪之父

到底谁是斯沃琪之父是个非常复杂的问题，而且寻根溯源来讲：没有石英表，也就没有斯沃琪；没有默克的爸爸（那个钟表匠），就没有艾尔玛·默克，也就没有斯沃琪，如此等等。因为本书是从概念的出现到上市的整个过程来探究斯沃琪手表的起源，所以我们将会展示在这一过程中，关键人物是怎样在每个重要的结点上让每件事情的发生变得有可能。他们才称得上是"重要的核心人物"［选自科马尔（Komar）和普朗什（Planche），1995，第 20 页，斯沃琪精品专家］。斯沃琪手表的发明专利上有艾尔玛·默克和雅克·穆勒的签名⊖，2010 年的盖亚奖也确认这两位工程师才是发明者，彻底终结了谁是"斯沃琪之父"的讨论。

2.5.11　斯沃琪手表之父与之母

技术设计工程师默克和穆勒，以及毫无保留支持他们的托姆无疑是斯沃琪手表的首要功臣。"托姆是爸爸，我们是妈妈"，默克谈论到自己和穆勒时总结道。没有他们三个人，斯沃琪手表不会被发明。

瑞士本国和当地的媒体为斯沃琪手表的诞生感到异常激动，也为从 1982 年底到 1985 年初的不断创新倍感自豪。他们撰写了多篇关于两位发明者默克和穆勒的报道。媒体评论对斯沃琪和它的发明者赞誉有加，当然那时还有托姆。在这些真实的故事中，都毫不意外地对尼古拉斯·海耶克只字未提。

自从 1985 年海耶克掌管 SMH 集团起，对于谁是斯沃琪之父这个问题，媒体的报道开始变得越来越含糊⊜。显然在谁是斯沃琪之父这个问题上掺杂使假是个缓慢但有意为之的过程。"刚开始，一些人只是宣称他们曾经是斯沃琪这款手表的责任人。1983 年 3 月，媒体报道工程师雅克·穆勒和艾尔玛·默克是斯沃琪手表的发明人。但在这之后，在斯沃琪的参与者、设计师和制造者中，再弄清楚谁做了什么就变得非常困难。甚至有些人声称如果没有他们的功劳，斯沃琪手表成不了今天的样子。每个人都通过自己的方式来证明自己的功劳。"⊜默克、穆勒、托姆、斯普雷彻这些核心人物逐渐被隐藏到幕后，以支持斯沃琪的成功是

⊖　实际上，艾尔玛·默克的名字出现在 7 个保护斯沃琪的专利之中。至于雅克·穆勒，有一个关于表链设计的专利他不在其中，因为这个专利是默克和阿方斯·布朗合作的。

⊜　第一篇介绍斯沃琪及其发明者的文章出现在报纸还未电子化的年代。那个时候的瑞士媒体并没有真正咨询过当时斯沃琪手表的评论家（教授、新闻工作者、解说员、博客等）。

⊜　摘自 R. 卡雷拉：在比尔市（Bienne）举办的庆祝斯沃琪手表销售额达到五百亿的国际会议上（L'Express，1985 年 9 月 23 日），艾尔玛·默克没有出席，而且从来没有被斯沃琪集团邀请参加有关斯沃琪手表的活动。

集体合作的成果。SMH 集团官方的观点是：斯沃琪是整个公司的成功。是的，为数众多的人参加了斯沃琪这个大项目的启动。随着该产品的大获成功让他们都觉得自己有功劳，希望在集体照中有一席之地，并成为媒体和舆论关注的焦点。如果斯沃琪项目失败，这些人会保持沉默，就像海耶克过去常说的这句话"成王败寇——成功则蜂围蝶绕，失败注定形单影只"。

2.5.12　公认的教父

2009 年 6 月 29 日，路透社发布一条新闻，报道了尼古拉斯·海耶克的死讯："尼古拉斯·海耶克，斯沃琪的发明者"，于前一天不幸逝世。对他的逝世，社会上感慨颇多，特别是在瑞士。在那里"斯沃琪之父"无疑是瑞士制表工业的象征性领军人物。斯沃琪官方网站写道"在尼古拉斯·G·海耶克的领导下，斯沃琪集团闻名于世。其中的重要时期无疑是价廉物美、质量上乘、瑞士制造的手表成功上市。它既美观又令人愉悦，它就是斯沃琪手表。"毫无疑问，在 20 世纪 80 年代初期，正是这款革命性手表的上市拯救了瑞士制表工业。而且，斯沃琪已经成为优秀商学院的教授和学生们学习的经典案例。要么是关于斯沃琪集团本身，要么是经历斯沃琪手表创新的"大师们"［泰勒（Taylor），1993］。实际上，他们每个人对斯沃琪的成功都做出了相应贡献。可是令人不安的是这些案例的结尾却把斯沃琪手表的发明完全归功于尼古拉斯·海耶克。[注]这些案例研究带着两个强烈的特征：第一个是他们主要关注那些曾经上市产品的历史，因此他们认为成功主要归功于对市场的商业分析，比如在全球分销，设计上的不断更新，消费者们的狂热追捧，时尚元素等。第二个是他们希望证实这个有远见的想法是受一位伟大的领导激发。这位领导不仅想象到了未来的创新，还领导了工程师和有能力的市场人员实现了创新。在这类案例分析中过于奉承那些超级自负的领导，让他们自我感觉颠覆了原有的商业模式，在创新及实现方面禀赋异常。只是这种虚假报道经不起事实的考验。

关于谁才是"斯沃琪的发明者"，斯沃琪集团公布了一份含有 54 个名字的官方清单［特鲁瓦（Trueb），2010］，这份清单出自 *Swatchissimo* 一书"斯沃琪手表之父"的名单中［卡雷拉（Carrera），1991，第 14 页］。本书参考了该名单并区分了"项目的主要参与者"和"市场概念的提出者"。恩斯特·托姆、艾尔玛·默克、

[注]　在斯沃琪案例的研究中，官方版本（加巴罗与策恩德，1994；莫恩 2004）和系列研究发现（图什曼和拉多夫，2000）中的陈述与侧重点大相径庭。系列研究发现中引用了来自（平森和金伯尔，1987）的关于斯沃琪手表设计的重要数据（在斯沃琪的设计过程中平森曾与斯普雷彻在一起工作过）。

雅克·穆勒、设计师玛丽斯·斯密特、他的伙伴伯纳德·穆勒⊖和弗朗茨·斯普雷彻（M. Imgruth 后来离开了 ETA）是市场概念的提出者。在这 54 个人的名单里并没有尼古拉斯·海耶克。2008 年 4 月 10 日，海耶克亲自向 L·特鲁瓦承认他不是斯沃琪之父。特鲁瓦是位新闻记者，同时也是制表工业的专家。他从 20 世纪 80 年代初就开始追踪报道斯沃琪项目⊖。后来他在著名的《新泽克日报》上发表了一篇文章，详细介绍了关于斯沃琪手表开发的非官方故事。在尼古拉斯·海耶克给他的回复中，海耶克明确向他澄清说"有一点可以确认，我不是斯沃琪的发明者"。

海耶克强调是他加强了斯沃琪项目的团队合作，许多人参与了该项目关键部分的设计。2011 年 2 月，就在我们准备撰写这本书的时候，我们联系到斯沃琪公司的媒体负责人。他证实了海耶克不是斯沃琪手表的发明人，并提及了海耶克和巴尔图·费德曼的访谈著作。在那本自传体的书中，海耶克提到他是斯沃琪上市后才加入公司的。他支持这个项目，同时他也负责 ASUAG 集团的行政管理，并和银行打交道。他认为斯沃琪的技术来自 Delirium Tremens 型手表的 52 个零件的理念，虽然斯沃琪在结构上和 Delirium Tremens 没有任何关系。斯沃琪已经于 1983 年上市，在那之后，托姆继续管理该公司长达五年之久，而海耶克直到 1986 年才掌管 SMH，所以"托姆才是 SMH 这艘大船的船长，海耶克仅仅是个过客。"

所谓团队合作的成果使海耶克摇身变成了斯沃琪之父，而且他也理所当然，半推半就地放任这种误解发生。"这群先锋者们的成功点燃了整个国家的自豪感。从现在开始，斯沃琪之父就叫尼古拉斯·海耶克。自此，所有的神话开始围绕公司和商业战略展开。海耶克是位有权威的首席执行官，通过他的真知灼见注定可以带领公司走向成功，而且，他在创新过程中所做的贡献也被广泛宣传。默克和托姆已经离开公司，虽然穆勒还出现在公司的组织架构图中，但是在斯沃琪传奇故事的官方宣传中，他的名字已被抹去。"即使历史上许多创新被有权势的管理者盗用，但是它们确实发生过这一点特别重要。当时机成熟的时候，真相必然被还原。

2.5.13 创新与认知的微妙关系

斯沃琪的故事告诉我们在没有任何认知的前提下，设计几乎不可能发生，但是如果你仅有认知，没有创新概念支撑的话，你所能做的不过是重复生产一些产

⊖ 这二位负责 "*Swatchissimo*" 一书的插图。

⊖ 作为 NZZ 杂志技术板块的编辑，吕西安·杜贝非常幸运地从 1983 年手表上市之初就跟踪报道了斯沃琪的创新故事。而且，早在 1983 年 3 月 2 日，NZZ 就发表了长篇封面故事，详细介绍了斯沃琪的两位发明者默克和穆勒。

品。创新需要创造力：如果你连乐器都不会演奏，那么又怎么可能谱写出感人的乐章呢？首先你得具备相应的乐理知识并成为独奏艺术家。但是如果你想成为一名艺术大师，仅仅有乐理知识还是远远不够的。你还需要无拘无束、令人拍案叫绝、无与伦比的音乐创造力。艺术大师多年演奏某支名曲，他敢于冒险去谱写新的乐章吗？你敢冒险迈出这"创新一跃"吗？创新永无止境，即使你在某些领域已雄霸多年。这就好比在斯沃琪时代，观众（消费者）过去一直习惯于听瑞士制表匠弹奏的古典音乐，但默克和穆勒向他们提供了爵士乐。出人意料的是爵士乐令人耳目一新，大众深爱此曲并随之翩翩起舞。

C-K理论：实现突破式创新的真正实用理论

在管理文献中，创新依赖于两个长久以来的传统。第一个传统关乎心理，指的是类推、直觉、灵光乍现、想象、隐喻，还有疯狂不确定的想法和概念。在这种情况下，创新既与创造力及富有创造力的个人智力水平有关，又和能够提供并允许具有创新概念和事物出现的组织和工具相关（这些概念和事物具有崭新的特征）。第二个传统关乎科学与认知，与第一个传统相反，它的目标是保证事物的一致性，使它们趋于稳定并保证其再现性。因此，通常懂创新的人在概念这边，科学家们则在认知那边。在积极创新的组织抑或按部就班的组织里，这两种传统总是同时存在，但是彼此之间没有相互影响，也不联系。也就是说，概念和认知之间的相互调节和直觉及自发性没有任何关系。这也是为什么必须正视C-K理论，即概念—认知理论，因为它是一套严谨的推理方法。

3.1 概念与认知的协调

为了解释并组织创新过程，协调这两个传统就变得非常重要。斯沃琪曾经是个梦想，同时也是一项工程。你怎样在天马行空的创意与逻辑紧密的认知之间前进一步？你怎样打破常规的头脑风暴法？这些方法将创新禁锢在和概念一样的地方。你怎样避免技术专家的缺陷？他们设计的智能产品通常不实用，自然也没什么销量。为了实现真正的创新，非常有必要弄清楚如何同时在概念和认知两方面获得突破。

创新不仅指从芸芸众生中脱颖而出，更是期待开拓发展新的认知领域。创新不是直觉（直觉可能会产生某些创意）和好想法的结合。如果你有能力召集足够多聪明的人才，他们的直觉和想法会自然而然地产生一些创意。创新和设计行为是一种能力，这种能力就是同时在一个又一个概念和认知领域中进行思考。设计师会遇到如下两种情况。第一种情况是面对既成概念，设计师的认知通常不足以跳出条条框框。第二种情况是随着新的认知出现，他们能够产生一些新的创意，比如可以通过提升品质加以创新或者跳出初始概念的限制，甚至完全改变初始概念。这时候，设计师会豁然开朗，从第一种情况转换到第二种情况。概念与认知之间的关联性正是揭示未知领域和改变已知事物特性所必需的。创造力和认知相辅相成：我们越思维敏捷又善于联想（所谓的诗人气质），就越有可能成为该领域的科学研究者，反之亦然。还要强调非常重要的一点就是创新要在已知概念和认知领域里做到与众不同。

那么怎样使概念和认知相一致？为了回答这个问题，我们将用到在国立巴黎高等矿业学院所开发的 C-K 理论框架。1994 年，在阿曼德和威尔教授的推动下，巴黎技术设计中心组织了一个关于设计活动管理的集体研究和教学项目。后来曼森也加入这个项目，为该理论框架的动态分析做出了贡献。C-K 理论是这个项目最著名的创新结果之一。另外，本书的通篇将用到国立巴黎高等矿业学院出版的关于突破式创新的出版物和课程材料《突破创新的理论和方法》。

3.2　第一种设计概念的方法

设计分为不同的形式。设计一词与艺术、建筑和工程领域的不同传统休戚相关，至今仍相当神秘。长久以来，虽然设计与各种各样的应用相关，但还是缺乏清晰的理论基础，缺少一个对这一概念的统一理论解释。在此，我们将总结一些通用的定义，然后再用一些实例加以说明。

1）设计是一个过程，目的是通过设计，取得一些目前还不存在的结果。

2）设计是一个从梦想开始，以某个创新事物的具体实现为结尾的过程。诺贝尔经济学奖获得者赫伯特·西蒙在一本关于人工科学的参考书中写道："如果一个人想到一些措施，可以对现状加以改进并取得较好的结果，那么他就是设计师。"

3）设计过程涵盖一系列的活动和思考，从未知事物到已知事物。

4）如果有一个事物，起初它的思考方法并不存在，随后灵感迸现，那么，这就是设计推理过程。

5）设计是要创造出一个新事物，而不仅仅是描述新事物的特性。

6）"制造阿拉丁神奇的飞毯"需要许多设计工作，因为飞毯的概念只存在于想象空间，制造它所需的知识靠推理无法获取。

7）"制造 2000 欧元的汽车"不仅需要设计，而且相比于我们已经知道的，需要重新思考汽车的整个价值系统，并迫使我们重新定义什么是汽车。

设计始于创造新事物的愿望。这个新事物和现存的事物部分或者完全不同。它不是原有认知体系的完美复制，也不是简单的演绎。它未必和现存的认知体系毫无关联，比如像斯沃琪手表的设计过程就使用了现有的认知体系。

在管理领域，一个成功的设计是指能够产生扩张到市场或社区的创新。因此根据设计的结果和人们使用它产生的价值，创新在市场中被事后评估。设计成功就是创新！既然本书把创新看作是一种活动，让我们来继续阐明一些关于创新的事情（见表 3-1）。

表 3-1 从创新到设计的转变

对于"创新"这个术语如何应用，有关创新管理的论文通常持两种态度。第一种态度基本上就是命令："去创新！"它要求从必须要做的事情的角度出发，对团队发号施令或提出正式要求，从而让人们产生一种不创新、不接受创新挑战就要挨批评的恐惧感。许多鼓励创新的管理书或者政治家的演讲虽然认为创新是可行的，但是没有说明怎样去创新。尽管如此，因为命令式的创新要求而出现的成功发明家或发明还是屡见不鲜。

第二种态度是回顾创新的实现方式，因此创新事物的特性会在随后被描述。在这种情况下，创新要么是一个结果（我发明了它，它可以工作，或者它不能工作），要么是一个想法（当新想法被采纳的对象接受的时候，它就是一个创新，采纳的对象包括公司、集团或者个人）。

不管出于什么立场，创新这个词对我们所有人来说都是个陷阱。实际上，为了谈论正在进行中的创新活动，创新指的是对已经被构思的物体的重新判断。然而，如果创新仅被定义为口号或者观察到的新事物，那么"我创新"又有什么意义呢？［勒马森（Le Masson），2008］

正如本书第 1 章所提及的，我们感兴趣的不是创新这个词，而是创新活动本身。所有的设计活动可以导致创新，创新是设计活动的结果（非系统）。在某些情况下，比如传统的设计领域，比如建筑、艺术、工程和管理领域，设计活动需要推理，并以一定的组织和业绩标准等支撑，以便使创新活动成为可能。矛盾的是，设计过程并不是传统意义上的创新活动。设计问题在商业研究中运用不多，但是在决策理论中却有诸多应用。

为了理解什么是设计，在弄清楚 C-K 理论的基本概念之前，研究设计背后的理论和正视设计的决策非常重要。为了使讲解切合实际，我们会列举一些案例来讲解突破式创新的实施方法。

3.3 设计的理论基础：设计与决定

不像"决定"这个术语，"设计"不属于传统科学。为了从理论层面理解设计这个概念，有必要从理解决策模型开始［大卫（David），2002］。决策模型依赖于一套选择程序，从一堆可能的解决方案中进行策划和优化，然后做出选择。如此这般，诸如运营研究、战略规划的工具就搭建起来了。此类工具对能够调用资源和认知的组织及重复性的项目非常适用。这种项目通常拥有已知的知识体系并掌握相应的资源——资源可被掌控，知识体系亦已建立起来。但是，如果项目需要高度创新、创造和研究，就不适合采用这类工具，并且可能会带来一定程度的副作用。重新研究决策的理论基础，才能深刻理解设计所要求的这种"转变"。

3.3.1　规则和目标

决策模型依赖于某种联系。一方面，是一定数量认知之间的联系。这些认知在整个设计过程中保持不变，包括功能、规则和选择标准等。另一方面，是目标与所做决定之间的联系。也就是说，在一个决策模型中，功能或者选择标准是和所适用规则的目标一起被识别出来的。比如，如果让你选择"1和3之间的偶数"，我们明白目标是什么（我们知道这个数字是几）。因为运用已知规则，我们可以区分出奇数与偶数。这个例子中没有涉及设计。我们只是运用事先知道的规则来做个决定而已（通常是在寻找一堆已知规则之后），但不是寻找目标（或结果）。决策过程不仅是运用规则的过程，而且也是这个过程的结果。如果我们必须选择"周六晚上和朋友们一起去看一场好电影"，我们将不得不做决定。这个决定涉及一些选择标准，比如看什么样的电影？朋友们的期望如何？或者这两者之间有什么联系。基于这些信息，你必须要在一个有限的空间里面列出一个电影清单。即使有时候这个空间可能有巴黎那么大。这里，并没有提出什么设计，因此所做出的选择并没有改变一部电影的定义。然而，如果我们不得不在晚上和朋友们一起制作一部属于我们的电影，情况就完全不同了。同样的道理，如果我们要举办一场晚会来宴请来宾。即使我们熟知晚会意味着什么，我们还是希望产生一些新奇想法来做得与众不同。首先从我们熟知的晚会开始（比如轻歌曼舞的家庭晚会，抑或是夜店狂欢）。如果我们让嘉宾参与到想法中来，也许一些令人惊喜的、前所未有的新奇想法将会出现。可能会产生与众不同的好建议［赫琪尔（Hatchuel）和威尔（Weil），2003］。最后，我们举个例子，如果你想花15000欧元计划一个为期两周的旅行，你只要决定自己喜欢什么形式的旅行就好，没什么值得深思熟虑的。因为宽裕的预算决定了这是一个不受限制的旅行。但是另一方面，想一下如果你只有150欧元，却要为四个人计划为期两周的旅行，那么你就必须要搜肠刮肚地想新点子，比如某种探索之旅。

3.3.2　为了设计，必须跳出"问题/解决方案"的限制

当使用决策理论时，你没有创造任何新产品，只是通过把它们拼凑在一起，用已知的规则去优化它们，然后做出选择。因此，根据这个理论，你决定选择（从已知的选项中做出一个选择），进行推理（从众多已知规则中挑选，进行方案空间的构建），优化方案（在众多可接受的方案中，选择出最好的方案）。从20世纪50年代起，我们已经开发出一套投资决策的工具和方法，它们影响着我

们制定决策的方式，以及我们想要做出决定的途径。

设计意味着要超脱决策模型。决策模型从思考过程开始，即"考虑各种可接受的方案，运用选择规则从中挑选出最佳方案"。做决定意味着在同一空间收集开始面临的问题和解决它们的方案。当你构建出一个新想法，与这一新想法相关的问题是没有解决方案的。或者说"解决方案"并不存在于已有的认知空间，而存在于设计本身之中。如果某种产品一开始并不存在，伴随着思考过程的推进，它出现了，那么我们便在进行一种设计的思考模式。为了进入这种模式，我们必须跳出所谓"问题/解决方案"的和睦关系。这对我们来说非常不易，因为我们从小被教育要做决定。实际上，"问题/解决方案"这种关系对实现突破式创新毫无帮助。决定型思考模式排除了所有令人惊奇的东西，然而设计型思考模式却深挖这些新奇的东西，并时刻为它们做准备，甚至努力创造它们。设计一款新产品意味着重新定义，但这至少需要一种准则：事物的不可判断性。思考设计的出发点是这样的：一个具有不可判断性的物体存在。但是我们无法用目前已有的认知生产这个产品。这就产生了一个问题，无法在已有的认知空间寻求解决方案。设计不是从一组旨在解决问题的方案开始，而是从某个物体的未知认知开始。设计工作包含从这种不可判断性中跳出来，这就是 C-K 理论，即概念—认知理论。C 与 K 相互影响，根据建议的答案，可以构造两个互相分离又相互关联的空间，即概念空间与认知空间。

为了更好地阅读，考虑到后面要介绍一些定义，表 3-2 总结了决策模型和设计模型的一些不同点和特征。

表 3-2　决策模型与设计模型的比较

决策模型	设计模型
开发利用	探测摸索
从已知到已知	从未知到已知
问题与解决方案的关系	概念与认知的关系
限制性分区或问题解析	拓展性分区或问题延展
带有限制性分区的稳定的认知库	以拓展性分区为起点的非限定性的认知库
对物体的认知和推理＝我们能够选择、编程、优化	修改已知物体的特性或创建全新的物体＝我们必须设计
不确定	未知
我所在的街道明天会繁忙吗？我对所在的街道及使用情况了如指掌。我所忽略的是它的使用频率	火星上有生命吗？如果我们对这个问题严肃认真（至少对"火星上有生命"这个概念），那么火星上的生命形式与我们是不同的。生命的定义发生了变化，能使我们想象存在新的生命形式

（续）

决策模型	设计模型
一家轿车制造商将选择何时发布一款新的、燃油发动机驱动的汽车替换现有的产品线	某人何时（他不一定是轿车制造商）设计一款电动汽车，而且不仅仅把现有的燃油驱动汽车电气化。他憧憬以新的形式实现移动
从已知的清单中挑选材料	创建新的材料
制作一款更扁平、更轻盈和比较便宜的腕表	制作一款不是手表的手表，具备闻所未闻的特性

3.4 C-K 理论的基本概念

C-K 理论可以用四个基本概念来定义：拓展、分区、概念和认知。这一理论可以让设计过程模式化，在概念空间与认知空间中循环往复（见表3-3）。

表3-3 C-K

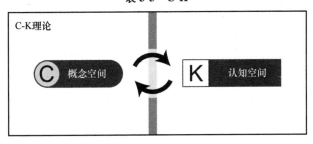

3.4.1 拓展的基本含义

拓展把熟知的和神秘的事物同时推回到已有的认知空间。如果没有拓展，设计将会变成从某些物体或规则列表中进行选择，最终变成决策。事物的拓展特性令它具有鲜为人知的特征。拓展的同时也是在探索（探索是去发现未知但已经存在的东西）和创新（创新是指运用推理，去发现未知概念、未认知的新事物）。因此，拓展就是打破已知的规则或状态。拓展概念被用来描述分区概念的特征。

3.4.2 分区的基本含义

分区在设计方法中就是一种简单的分类操作，它包含两种类型。

（1）限制性分区 限制性分区指根据选择标准或已知规则，对在有限空间里的事物进行分类。比如，我们可以很容易地把这周在纽约或伦敦上映的电影进行分类：你所要做的就是列出一个完整的电影上映表，然后根据选择标准（比如体裁、长度、演员、影院等）进行分类。决策模型已经开发并应用了限制性分区这一工具，用它对相互游离的事物进行分类和评估。进行限制性分区的目的在于选择出最优方案［见 1947 年赫伯特·西蒙（Herbert Simon）的问题解决］。如果我们用赫伯特·西蒙经常用的国际象棋为例，这个游戏为不计其数的解决方案提供了巨大空间。西蒙的推理不在于分析所有可能的走法以便做出决定，而在于选择最好的策略来避免最坏的走法。这就是 SEP（separation and evaluation，分离和评估）的决策方法及 IDC［Intelligence（智慧）、Design（设计）、Choice（选择模型）］。在象棋中，棋子和规则在整个游戏中保持不变且已知。限制性分区并不会改变一开始就已经定义的分类，它会根据决策模型，通过划分，使一个给定的空间合理，即使这个空间很大。西蒙试着寻找一个解决问题的通用方法。最终，他设计出一个可以做出最优决定的机器，因此每次都可以赢得比赛。

（2）拓展性分区　拓展性分区是在现有的空间里逐渐增添一些新成分，包括添加新的属性、提出新的问题并定义新的类别。因此拓展性分区可以在初始概念的基础上引申出很多令人难以置信的新惊喜。如果我们重复用"举办一场晚会来宴请宾客"的事情来举例，晚宴的组织者慢慢修订晚宴的定义，从而使晚宴越来越接近他们的设想。拓展性分区为所有可能的晚宴提供了定义。首先，我们抛出在塞纳河摇曳的游艇上搞派对的设想，虽然最终，可能变成在某个岛屿上搞化装舞会［赫琪尔（Hatchuel）和威尔（Weil），2002］。正像斯沃琪项目中显示的，在设计推理阶段，不可复制的概念逐渐浮出水面，即使在初始的技术概略里面并没有灵光乍现。假如我们要为四个人组织一次为期一个月的旅行，费用为 15000 欧元，那么你不需要做任何设计。完全可以来一次说走就走的旅行。因为充足的预算让你只需看看旅行市场上有什么可供选择的就好。比如看看旅行目录，决定你要去哪，这是一个狭义的分区。但是如果你需要组织一次同样的旅行，预算却只有 1500 欧元，虽然这也是一个狭义的分区，但是你不得不选择更廉价的方案。更要命的是当你的预算只有 150 欧元，还要组织一次这样的旅行的话，你必须得想出一些有创意的想法了。这些创意在传统旅行概念里是找不到的。在这一章节里，我们会逐步细化并明确这些定义的特性，比如，一次"心灵旅行"或者"自给自足的旅行"。这将会对概念 C 进行拓展性分区。

3.4.3　认知（K）的基本含义

认知（K）为设计者或那些需要完成设计工作的人提供了可供参考的逻辑状态。逻辑意味着我们可以明确知道 K 是正确的抑或错误的。如果它能工作，就是正确的；如果不能，则是错误的。逻辑意味着 K 可以被用来自行评估，可以被 K 专家团（一般为立法团的成员）评估。在认知基础的背后，是一群拥有大量工作经验的专家。这些专家掌握了证明 K 并判定 K 是否正确的标准。K 是已经生效或已被证实的事物。换句话说，K 空间包括了那些设计者认为已经确立的"事物"。因此，他们可以将其用在未知的事物上，K 使设计者拥有立法行为能力。

从设计层面来看，所有形式的真理都是 K：客观事物、规则、事实、价值、科学、技术、判决、美学、法律规则……K 必须是被广泛认知的。有关于我们客户的 K，也有诸如如何搭帐篷、制作微芯片、去除动能、焊接木材等方面的 K。在纽约股票交易市场也有很多 K，他们可能会考虑你的个人信用、商业模型或者疾病状况（例如老年痴呆症）等。至关重要的一点是要尽量避免限制 K，从而导致 K 变成单一的科技认知，因为突破型创新需要所有形式的真理和证据。K 也有可能不言而喻，就像逻辑命题一样通过行动来自定义。在设计之初，K 通常是如下之一的情况。

1）已知的：它们已存在于组织内部，或者已存在于设计者的团队里。

2）未知/已知：它们虽然存在，但是超出了设计者的认知范畴。换句话说，设计者知道它们存在于其他他们不熟悉的领域。因此，他们需要寻求那些领域专家的帮助。有时可能是极不相关的领域、完全陌生的领域或者学习这个领域的认知需要花很长时间。

3）未知的：K 还未存在，需要被设计出来。

K 此时无法确定下来或者有明确的定义，它会在设计中逐渐趋于完善，也就是我们所说的进化。

3.4.4　概念（C）的基本含义

概念（C）是基于设计的新提议。在开始的时候，很难确定它们。也就是说，C 空间的那些新提议与 K 空间并没有对应的逻辑关系。这也意味着，当规划一个 C 时，无法判定它在 K 的基础上是否正确。有时候，C 可能超出了设计者的认知范畴。例如，"没有轮子的汽车"或者"没有腿的椅子"就是两个 C。虽然我们在设计之初不知道如何在 K 里面定义它，但是我们在设计完成的时候就一目了然了。如果抛开任何对应的逻辑关系，这些提议就无所谓对与错。C 也许是设计者或建筑师的定义，工程师的草图、设计者的粗略描述，这些都是对未来事物（产品、服务、组织、空间、流程）的初始提议。因此，C 不是一个明确的提议，相反，它是一个过程概念、是一种可能的、潜在的概念。C 打开了设计空间，通过形成 C，设计者开始思考、想象、甚至是梦想。这些 C 都在未知领域被追寻，并且，由于这些新奇的提议只是在为 C 做储备。因此，不用非常教条地立刻建立与之对应的 K。C-K 相辅相成，成就了 C 的创造发明。（见表3-4）。

表 3-4 一些概念的实例

> 一间蓝色的休息室，一对绿色的滑雪板，一艘飞船，一辆可以开到时速 400km 的汽车（不同于一辆可以开得更快的汽车），一辆智能的超市手推车，无线电话，内置网络的汽车，移动阳台，一部供年轻人使用的电话，体积仅为现有产品十分之一的硬盘，一款售价仅为现款十分之一的手表，智能眼镜，汽车上的可充电电池，一个可自动收起的帐篷，一台无袋式真空吸尘器，一辆电动汽车，找到一个能够在你修剪指甲的时候避免伤到自己手指的办法，一块漂浮的毯子或漂浮的巨大物体。

在设计伊始，完全不讲逻辑。C 可能是一个我们无法确定正确与否的提议，或者是一些我们无法确定是否会广受欢迎的提议。由此可见，C 并不是一个已知的判断、评估或自我欣赏。我们必须了解这一基本点，只有这样才能理解为什么总有人一遇到困难就去想当然地妄加评判。

"这完全是不可能的，它根本无法工作""我讨厌它""真是一堆垃圾""我一直都不相信它"。在设计之初，会出现类似的各种反调。因此，你无法直接去评估 C。例如，问题不是你是否支持或反对什么，或者你是否相信它（比如在汽车车厢内设计互联网）。它更像是从 K 空间入手，进而确认 C，想要改变它、甚至就此终止设计。在斯沃琪项目中，我们看到即便每个人都拒绝它，认为它是个异端邪说，但是恩斯特·托姆博士（ETA 的主管）还是将最初的概念 C0（观察 Vulgaris）上升到一个前所未有的高度。对 C 的设计工作意味着通过在 K 空间里不断增加属性，从而不断地判断并逐渐细化 C。（见表 3-5）

表 3-5 C-K 空间

C 概念空间	**K** 认知空间
一个概念C是一项全新的提议。在认知空间没有对应的逻辑关系。我们不能由因及果地推导出C是对还是错。	认知K在认知空间有对应的逻辑关系。我们能够告知K是对的或是错的。

C 总是与 K 相互关联，即 C 总是广泛地存在于 K 中，即便 K 尚没有明确的 C 与之关联。换句话说，即使 C 空间包含那些设计者并不熟悉的范畴，也依然可以从 K 中将其推断出来。例如，一辆"粉红的自行车"的概念明确来自 K 空间的喷漆。一辆"飞行的自行车"的概念，从 K 来看并不是一个错误的概念。但是，一辆"不消耗能量的自行车"就属于错误概念，除非这辆自行车是放置在博物馆里的展览品。

3.4.5 湿润的概念

湿润可以被定义为物体表面的吸水能力。这里有个问题，液体（我们以水为例）是如何被带到物体表面并进行扩张的？它的分布效率如何？你做什么样的设计才能确保在洗涤过程中水得到了 100% 的利用？我们在日常生活中是如何用水来洗澡的？洗澡时怎样才能节约用水？让我们带着这些问题及一些有助于解决问题的事实（比如，一个普通的人每次洗澡平均用水量为 12L/min），针对已知的和未知的条件和事实，来探索如何找到正确解决问题的方式，功能分析在从中起到重要作用。即通过类比、隐喻等修辞方法来解释设计理念。让我们仍旧以洗澡为例：我们洗澡时发生了什么？首先我们淋水，然后浇个透湿，仿佛站在瀑布下一样。这虽然浪费水，但是如果和洗个澡都要去趟瀑布相比，显然那个更夸张。这就涉及我们如何不多不少地管理我们的需要？在野外，我们其实不用站在瀑布底下：因为瀑布或喷泉溅出来的水雾就带给我们足够的湿润，还不用被浇个透湿。在冰岛，我们常常在薄雾中感到湿润。对于设计者来说，将这些自然中的类似情况整合起来，得到的问题是："你如何让自己感到身处薄雾般的湿润？"有了这样的疑问，接下来，为了得出结论，你必须回到认识空间去解决问题。比如，在航天工业的认识空间，将水滴喷射成雾状以帮助发射火箭；或者在医药领域，将药物变成液体使之更容易吸收。换句话说，你得回到认知空间去找寻湿润对应的概念。比如，创新狂公司发明了一款叫 Joulia 的淋浴器，耗水量比原来减少了许多，做到了对设计的极致追求。另外，它不仅可以节约用水，还可以利用热循环实现节约能源。创新狂公司已经发明了一款"高速热水喷雾器"，进而发明了 Gjosa。

3.5 C-K 理论背后的原因

基于上述定义，我们现在再来讨论一下进阶的创新理论。设计始于解决一个命题，我们将该命题称之为 C，它无法被当下的认知 K 来解决。在设计推论之初，C 是 K 中可理解的命题，但是在该认知领域里又没有一个明确的答案。换句话说，C 在 K 的认知领域里是部分或者完全未知的。C 和 K 之间最初的这段"差距"被称作"分离"[赫琪尔（Hatchuel）和威尔（Weil），2003]。反之，当设计推论允许 C 找到 K 并使之成为现实时，这种情况被称为"结合"。

3.5.1 分离和结合

设计过程往往是从某人想要描述当下认知（K）中不知是否存在某种产品开始。从实际观点来看，常常发生在这个人面对一个初步概念的时候——比如仅仅是一个想法或者是一份尚不完全的技术说明书。在设计的开始阶段，概念（C）的提议在 K 里并没有与之相对应的逻辑地位。设计的过程包含了从设想 C 到落实这个想法的整个过程（用 K 所允许的方式去创造 C）。众所周知"无轮汽车"或"无腿椅子"这两个概念就能够很好地解释上述理论。通过语言描述，在 K 中增加了 C 所强调的元素。我们原本不熟悉竟然会有这样的产品存在！这是一个明显的分离案例。在设计的最后过程中，如果认知（K）已经将概念（C）变成现实的产品，那么我们就称之为"结合"：无轮汽车和无腿椅子确实存在。完整的设计流程应该是：所设计的物品从最初一个不确定的构想开始，经历整个创新过程，最终产品的性能可以被准确描述，即 C 在 K 中被确认。

因此，设计的过程包含了在概念空间中的一次次交互作用。它让结果逐渐明朗化，同时认知空间也随之发展。认知空间和概念空间的发展相辅相成。这个周期包含了一次次循环往复的进展。换句话说，在概念空间的实施的过程中，通过各种参与者的发现，指出了认知空间中存在的不足之处并推动了新的认知空间的发展。并且反过来又给概念空间的实施提出了新问题，从而带动概念实施的分区发展。

概念空间的分区发展可能因新内容的增加而进一步扩展也可能因新内容隶属于其他概念分区而被相互约束。而认知空间的不同部分在其内部空间的发展中始终保持相互独立。表 3-6 向我们展示了斯沃琪在概念空间和认知空间相互发展的实例。

表 3-6　概念

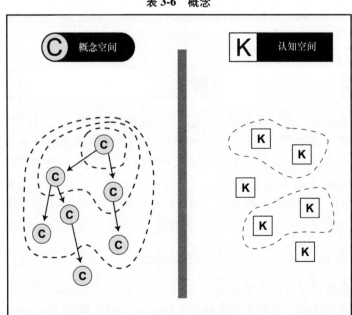

3.5.2 突破性进展：设计和设计方阵

任何设计的过程都是一定的 C 和 K 之间联合扩张的过程，它们之间的相互影响可以用表 3-7 和表 3-8 的方阵形式表现出来。

表 3-7　设计方阵阐述了 4 种 C-K 相互影响的环节

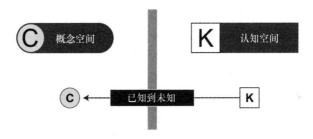

第一个环节，"已知到未知"。概念 C 的内容受到了认知 K 的影响。

第二个环节，"未知到已知"。这一环节赋予了概念 C 以逻辑状态。当认知 K 已经存在时，它用以验证或者否认概念 C。而当认知 K 不存在时，那就出现了认知缺陷或者分离，新的认知 K 因此被开发。实际上，这与验证工具和传统设计方法是一致的，诸如询问专家意见、进行测试或者建立一个模型。当认知 K 对概念 C 中足够数量的命题进行了可行与否的确认之后，一个完整的设计就达成了。

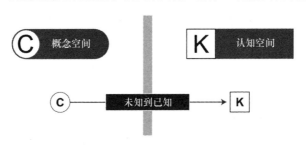

（续）

第三个环节，"未知到未知"。在这里，设计者在已知概念空间中创造出一个新的概念 C。这通常发生在创新或头脑风暴阶段，各种各样的想法迸发出来。这些产物纯粹是概念上的，而且在艺术设计里很常见。

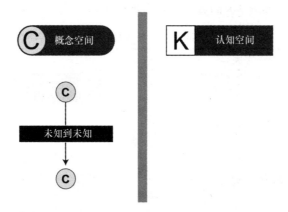

第四个环节，"已知到已知"。甚至不会用到未知内容，将已知内容转化成已知内容。在这步里，认知 K 产物基于认知 K（认知空间的自我扩张）。设计与研发者及科学家精于此道。

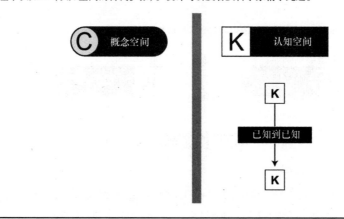

表 3-8 从 K→C 的例子：《阿凡达》中女妖的概念

2009 年上映了詹姆斯·卡梅隆的电影《阿凡达》，片中女妖是长度为 36ft（1ft = 0.3048m）的飞行生物，这是一个很好的设计工作的例子，其中未知的部分是通过已知的东西制成的。重要的是要记住詹姆斯·卡梅隆和他的团队为这部电影设计了一个完整的宇宙，一个叫作潘多拉的想象中的行星。

虽然这样的女妖并不存在，而且从未存在过，但我们还是有一种已经遇到过它们的深刻印象（参见矛盾的概念）。这种生物的特征令人觉得既熟悉，又奇怪和新鲜。卡梅隆和他的设计师是如何设计它们的？制作人定义的最初概念是龙和翼手龙（这是已知的）的混合物，但卡梅隆想要的是一种不同于我们通常在科幻电影中看到的动物（这是未知的）。从这个熟悉的概念开始，电影制作团队通过 K 空间的深度迂回，将其推向了未知世界。

（续）

"艺术家通过与现实世界的接触丰富了他们的想象力。他们花了几个小时观看有关蝙蝠的纪录片，以了解蝙蝠翅膀的薄膜是如何连接起来的，最困难的部分是要熟悉不熟悉的事物，这样观众就不会迷失方向，同时也能发现一种全新的未知动物"［邓肯（Duncan）和菲茨帕特里克（Fitzpatrick），2010，第23页］。女妖的设计需要比设计想象中的潘多拉星球上任何其他动物做更多的工作。在这里，C空间逐渐被修改，由K空间划分：未知的（C空间）是从已知的（K空间）创建的。

3.6 C-K 在实际中的运用：C-K 理论应用案例

我们将用三个简单的案例来解释突破式创新的设计方法，其中两个案例来自于创新狂（Creaholic）公司。我们将在 C-K 理论的基础上进一步提出 KCP 方法论，以便公司和他们的顾问能据此开展并实施属于自己的创新活动。

3.6.1 设计一架水上飞船

从初始概念 C0 开始——"一艘水上飞船"，以这种方式去定义一个可被理解的需求，但是它在认知空间里仍然处于未知状态［赫琪尔（Hatchuel）和威尔（Weil），2002］。尽管认知基础和概念诠释的关系并不虚无缥缈，比如我们可以参照认知空间里有翅膀和螺旋桨的飞行器去思考和设计新的飞行器。但是，在 C0 的分区里要求飞船没有翅膀或螺旋桨的概念显然和我们已知的认知基础隶属于不同的拓展分区。这就要求我们反过来去拓展不同的认知空间（见表3-9）。

表 3-9　水上飞船

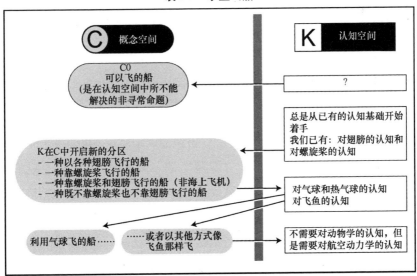

可是没有翅膀或螺旋桨怎么飞呢？设计者将不得不去了解热气球、风筝、飞艇或者飞鱼的飞行原理。在了解了飞鱼的相关知识以后，设计者需要了解更多动物空气动力学的知识。比如飞鱼为滑翔做准备，它必须先在水面上迅速游泳并用两侧的鱼鳍划水。当它离开水面的时候，速度随之加快，张开的两侧鱼鳍并不拍动，而是使用尾鳍作为与水面的接触点以延长在空中的滑翔。在这些认知 K 的过程中，设计者现在可以准备定义出"水翼艇"的概念。它借助于对飞鱼滑翔原理的认知，以最少与水面的接触为契机，设计出一艘可以消除船体自身阻力的"飞船"（见图 3-1）。

图 3-1　水翼艇

一款新产品的诞生是概念与认知有效连接和相互促进的结果。一艘可以乘风破浪的"飞船"就这样被设计出来。

3.6.2　如何设计一把创新的露营椅[⊖]

如果我们从如下 C0 概念入手："设计一款轻便又不占空间的折叠椅，它不仅便于携带、低成本，还要舒适，并且在市场上前所未有。"概念中不确定部分是"便于携带——轻"和"低成本——价格便宜"，还有就是创新（在市场上前所未有——至今尚未出售过同类产品）。当然，如果有人已经拿出一张符合所有 C0 要求的折叠椅，或者干脆说"不可能"，那么设计也就无从做起了。我们将现有的认知空间映射到已知的概念上，也就是说我们需要在初始概念限制的分区里发明这把与众不同的椅子。就像著名的椅子发明历史一样，这其实是一个反复创新的过程。但是，如果你认真考虑初始概念 C0，那么你最终会发明出令人刮目相看的产品。从认知空间着手，我们会找到许多已知命题：这些认知包括椅子的价格、用途、体积、材料、平衡、分销、市场等。

特别值得一提的是，在认知空间中如何保持坐姿平衡的问题具有普遍性，应该引起设计者的足够重视。换句话说，这关乎重新定义传统椅子的特征，让我们从观察一些核心概念的特征出发：一般一把椅子有四条腿（这使坐着的人能双脚着地），以及一个靠背。根据我们的新认知，可以回到概念空间里将 C0 划分为"四腿轻便露营椅"，或"三腿""双腿""单腿"的不同概念分区。概念限制分区的意义在于它们将概念明确到已知的或者与之相对应的大量关于椅子的认知上。这里有一个现成的例子：摄影师和渔夫常用的那种套筒式带伸缩腿的椅子，能让他们在户外作业时既行动自如又不乏舒适度。如果我们将这个概念分区深入极致，那么

⊖　如前面所列举的案例，这是国立巴黎高等矿业学院为了教学目的而设计出来的。

无腿椅子的概念将会产生。即使这个概念初看令人吃惊、感觉想法愚蠢甚至毫无意义，但是仍须认真对待。因为"无腿椅子"C0的概念具有拓展性，它添加了一个传统椅子的未知特性在概念里面。从这个概念分区层面上去实施该理论，C-C的操作将显得非常有用。它将"有人"和"无人"区分开来，也就是说，以"人"是否被牵涉其中来对概念进行分类。在设计者研讨会上，这类判断经常在设计"无人"操作时应用，即用一个物体的操作来代替人工的操作（见表3-10）。

表3-10 无腿折叠椅的 C-K 运用

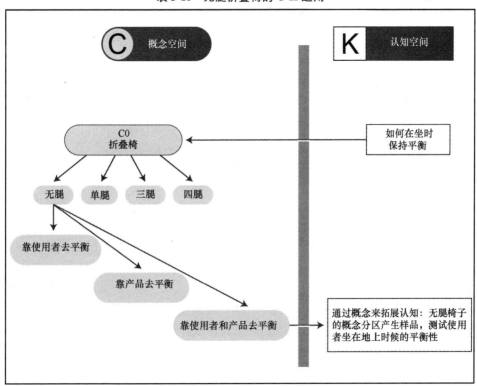

"可平衡的无腿椅子"这个概念通过多次试验和历经失败将设计者的认知带到一个新的拓展空间，结果产生了突破性进展，使初始概念最终得以实现。一款新产品被发明出来，如图3-2所示的坐姿带。

比如，维塔（Vitta）公司的无腿椅子就是一根长55厘米、宽5厘米的带扣带子。它可以从后背绕到膝盖，让人保持足够平稳的坐姿。这样一根带子便于携带，质量仅为85克，可以折叠后放在衣服的口袋里。无腿椅作为附件，既可以作为一般椅子的备选，又可

图 3-2 坐姿带

以充当一把非家用的紧急座椅。因为这种强韧的材料可以让你在无靠背的状态下也能舒服地坐着。解决了你在没地方可坐时的困难，比如在公园里野餐、在人流如潮的机场候机室里候机、听露天音乐会，抑或在海滩上看书，以及在其他各种各样的场合。无腿椅既轻便，又小巧，你可以将它随身携带到任何地方。无腿椅还减轻了对脊椎和腿部的压力：你无须通过倚靠或者跷腿来保持平衡。这种多重缓解不仅令你身体倍感舒适，还解放了你的双手，你可以自由地用笔记本计算机和平板计算机、看书、吃东西等（改编自 www. architonic. com/pmsht/chairless-vitra/110355）。

这种类型的带子起初看起来怪怪的，因为它的主导设计概念非常特殊，源自传统椅子的定义又赋予了它全新的想法。椅子生产商可能自认为他们对自己的产品非常熟悉，但是当如上所有关于椅子概念的限制性分区被罗列和探讨的时候，他们真的了解椅子的概念空间吗？

是否有生产商研究过"能够坐在地上的椅子"这个概念？还有，如果我们顺着这个思路去想，我们会得出如下观点：

1）了解盘腿坐姿，或者尝试着去销售小手册"如何学习坐姿"。

2）研究义肢如何帮助残疾人坐在地上。

3）设计无腿椅。

一家公司可能了解它的产品，但并不知道如何在概念空间里找到解决方案。创新就是超越现有的认知去设计新产品。

3.6.3　带着旅行箱走

假想我们是一家手提箱厂的设计团队，从初始概念 C0 "带着箱子驾驶"着手设计一款旅行新产品。当目标太多的时候，设计空间反而会显得特别封闭。此时，我们必须赋予概念（C）以更广泛的含义。也就意味着不仅要考虑到现在的手提箱（以带轮子的箱子去定义此概念），还要试图解决如何将箱子绑在可移动的物体之后（比如汽车、自行车、摩托车），让它跟着一起走的问题。因此工作重点就变成了设计一个中介媒质去链接箱子和可移动物。但是，至今为止我们还是从传统旅行箱概念的两个不同分区开始着手。

通过前面的例子，我们明白 C-K 理论里"有人"和"无人"这两个不同的概念分区的重要性。先讲"无人"的概念，如何让一只无人携带的旅行箱自动行走，会让设计团队基于远程控制系统的理论创造出相关的认知，比如通过手机遥控或者应用其他的类似系统。于是旅行箱就会自动跟着它的主人移动。设计引人注目，只是造价昂贵。相反，如果我们在设计之初考虑"有人"的概念，设计团队很可能想出带滚轮的旅行箱的原型，比如那种在任何时候都可以用的滚轮，设计成圆形或者可以爬楼梯的那种。第一个层次的分区是基于会行走的箱子到底是"有人"还是"无人"的不同概念，设计团队会在不同的拓展空间上做文章。第二个层次的分区则是在已知的特性上增加一个新的特性。然而在这种情况下，到底是"坐在箱子上一起行走"还是"与箱子一起行走"这两个不同的认知空间在专业领域上存在差异。拓展分区导致设计团队调动认知空间中有关城市滑行工具（比如轮滑鞋，滑板车等）方面的认知，并专注于固定系统、旅行箱与各种滑行工具之间的结合（见表3-11）。

表3-11 带着旅行箱走C-K理论：滑行的旅行箱

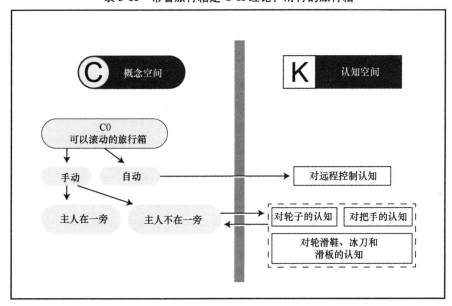

设计伊始，没有任何提示引导设计团队从诸如轮滑鞋、冰刀和滑板等滑行工具着手到在市场上推广带滑板的旅行箱。创新定义不但创造出了可移动旅行箱的新型式，而且还是很引人注目的一款产品（见图3-3）。

3.6.4 重问被遗忘的问题：从焊接木头到焊接骨头

处理木材的方法已经有几个世纪没有改变过，而且我们固定木头的方法也是几百年不变。长话短说，弦乐器制作上，对木材的处理用的是和如今宜家做家具一样的技术。为什么我们不能将木头焊接起来？创新狂公司首次提出这一概念便当

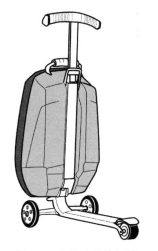

图3-3 会移动的旅行箱

即被否决，并招来一片质疑："这是什么道理？简直不可能；我们只听说过将钢材焊接起来。"的确，很长一段时间焊接木头这件事儿虽然总是被提起，却一直被搁置在一边。原因很简单，因为大家觉得这根本不可能，甚至都构不成是一个问题。但是，如果我们认真考虑这一概念，它其实可以帮助我们开拓一个广阔的设计空间，无论是在已知领域抑或是未知领域。

"隧道式"创新方法在于通过逐一消除不好的想法以便保留好的想法，与该创新方法相反，C-K理论中设计者则着重于丰富认知库，从而开拓设计空间。从逻辑上讲，如果你认为钢铁的焊接工艺根本不能被应用到木材上，认知空间就此关闭。于是再去进一步拓展关于焊接的认知也就无关紧要。将传统的定义和已知的或被忽略的问题暂且搁置一边，然后假设木材可以被组装起来。基于对这些条件的认知，我们可以转换到概念空间去澄清或者置换关于焊接的概念。为什么我们无法焊接木头呢？设计者们通过观察树木的自然属性来搭建与之相应的认知库。比如你看到大树既不用螺钉固定，又不用铆接，更不用钉子钉牢或胶水固定，但它始终屹立不倒，因为大树盘根交错，即使单独的根须看起来不是非常强壮，但是作为整体的支撑力却大不一样。

基于树根原理这个认知空间的启发，最初的概念得到拓展，即盘根错节的交互作用。这个概念运用了一种矛盾修饰法，因为它描述的是"连而不接"的可能性。换句话说，设计者以焊接为出发点，根据实体相连这个原理"假设它是被牢固焊接的"，但又不拘泥于认知空间的常识去理解焊接这个定义。从而有了盘根错节的交互作用这个概念，再由此返回到新的认知。创新狂公司也是如此反复利用所掌握的认知去不断完善斯沃琪手表的。事实上，塑料超声焊接技术的发明和应用促进了设计上的进步。在无数次的试验，创新狂公司开发了一种针或注射塑料元件，将其集成到木材的多孔纤维中，之后喇叭以振动的方式将机械能传递给热塑性元件，然后该元件加热，一旦它在界面处熔化，就会渗透到多孔材料中。塑料在几秒钟内迅速冷却固化，把所有东西都焊接起来。因此，两块木头可以通过热塑性材料的界面组装在一起，形成一个独特的整体，牢固耐用（见图3-4）。

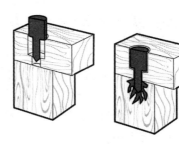

图 3-4　连接木头

这种工艺使木材的"焊接"成为可能，随之而来的是工业化。比如，家具行业可以将这种工艺作为备用选择，这样比传统的方式（诸如螺钉、枪钉、胶水等）更加便宜且牢固。木材焊接公司（Wood Welding SA）是一家从创新狂公司分离出来的公司，成立于1999年7月，专门经营木材焊接技术和工艺。

我们为何不再进一步呢：我们能将除了木材之外的其他材料也连接起来吗？这种技术是否能被应用于其他表面有孔隙的且能承受一定压力的材料上吗？没有什么可以阻碍这种技术的发展。设计者为此做了许多试验。这种技术是否也能被用于活体器官的连接上？经过无数次试验之后，从木材到活体器官仅是一步之遥。虽然骨骼的特性和木材非常相近，但是当我们把技术推广到人体，还是困难重重。因为首先必须要获取健康监管部门的授权批准才能上市。"焊接骨骼"这个概念出自前面提到的木材焊接公司。作为这一领域的先驱，该公司与位于瑞士首都伯尔尼的莫里斯穆勒（Maurice Müller）研究院及瑞士苏黎世大学的合作推动了此项技术在医疗领域的发展。木材焊接公司在2005年获得了瑞士KTI医疗技术奖。迄今为止，该技术已运用于15000台以上的外科手术。表3-12所示为木头焊接的C-K设计方法。

表3-12 木头焊接的C-K设计方法

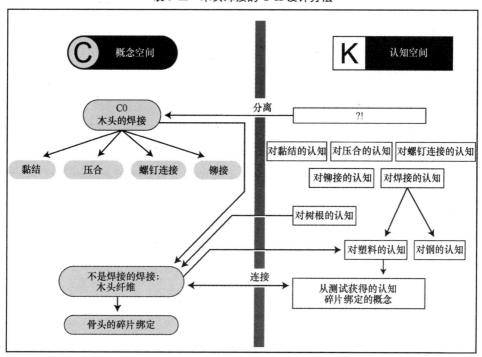

突破性发明通常不走寻常路，设计结果也完美地证明了没有什么是不可能达到的。

3.6.5　如何在洗手时做到节水 90%：设计一种不是水龙头的水龙头

2000 年伊始，创新狂公司已经在食品行业的包装和闭合器领域积累了 12 年的经验。这个市场被诸多包装业巨头所占据，比如利乐包装公司。创新只有向着更便宜、更结实、更轻便、更方便启闭和使用等方向努力，才能一步一步地取得进展。突破性进展发生在 2003 年为食品领域的一个客户做开发项目的时候。创新狂公司当时正在研究如何将包装盒做得既精良卫生，又能重复利用。当为客户设计这一方案的时候，创新狂公司着力于发展一种新的策略，即跳出本领域去寻找机会。这种策略是借鉴与食品领域完全不相干的领域内客户的创新发展成果。因为不涉及竞争，创新狂公司很快获得了其客户在非食品领域创新设计的应用授权。

在初始阶段，会被问到一些简单而基础的问题，比如你们是如何有效利用稀有资源的？你们是如何避免浪费和不作为的行为的？你们是如何找到备选方案的？在没做任何研究或没有任何特殊数据支持的情况下，创新狂公司的设计者们得出了如下结论：当今，大约三分之一的世界人口还无法获得足够的饮用水。在人口增长集中的城市，不洁净的饮用水导致了更多病菌的出现，从而促发对卫生方面需求的增长。地球上所储备饮用水的减少速度比其自净化的速度快得多。基于这种情况，我们该如何合理使用水资源，避免浪费？限量用水是如何帮我们解决这一矛盾问题的？

3.6.6　更有效地洗涤和漂净

设计的初衷始于对平日习惯的观察。试想在喷淋头下放置洗发水或者洗手液会如何。对如今那些有幸应用自来水系统的人而言，洗头洗手就是先将洗发水或肥皂蘸水揉搓在头上或手上，然后冲洗。其实肥皂本身并没有洗涤的功效，它需要借助水才能去除细菌和污渍。只有将水和肥皂混合才能有效地去除污渍。但我们往往有过量使用肥皂的习惯。当你最终想要洗净双手的时候，往往让你消耗大量水资源的只是为了冲掉留在你手上的肥皂残留物。也就是说当你洗手的时候，大量的水其实被白白浪费掉了，只有少量水得到了有效利用。我们也许并不知道每次洗手会用掉多少水：据统计，每次洗手大约消耗 0.5 ~ 1.5 升水。在这种情况下，理想的系统设计应当优化配比肥皂和水的混合物，比如发明一种泡沫洗涤剂，它能将浸润、洗涤和漂净三个功能融为一体。这将产生一项突破性设计，通过创新设计，创新狂公司发明了一套洗涤系统，它的洗手用水量仅为原来的十分之一。有了这套洗涤系统，洗手的用水量降到仅为半杯水。这一创新

在 2009 年 12 月完成，并促成了水秘芯（Smixin）公司从创新狂公司拆分出来
（www. smixin. com）（见图 3-5）。

图 3-5 通常洗手的用水量与使用水秘芯的用水量

3.6.7 用革命替代革新

创新狂公司的创新者并没有去改进水龙头，因为这是其他竞争对手们都会想到的策略。他们反而通过改进水和肥皂的配比并将其与触觉感知等结合创造出一款新产品。他们的设计中包含了"均匀混合物"及"智能定量混合器"等技术系统。

水秘芯公司开发的样品（见图 3-6）是由一个顶部装着肥皂的容器、一个进水口和一个在用户手上方的快速混合系统所构成，其中的混合物是肥皂泡沫水。这种不同寻常的设计得益于创新狂公司应用了 C-K 理论进行创新。创新狂公司深谙 C-K 理论的流程和精髓，特别是关于 K 认知部分的理解。

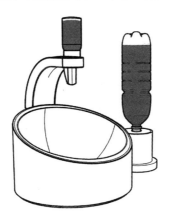

图 3-6 水秘芯系统的原型

这一系统的工作分为三个阶段：

1）传感器先感测到手的存在，然后自动释放出肥皂水和空气的混合物。

2）在其停顿过程中，使用者可以随心所欲地洗手。

3）因为不用冲掉残留在手上的肥皂，所以只用少量的水就可以完成冲洗过程（见图3-7）。

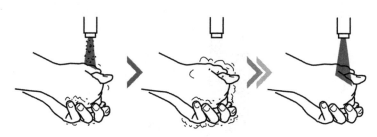

图 3-7　用水秘芯系统洗手

3.6.8　感官设计

水秘芯公司的设计者们着力于设计出这款给人带来"即刻享受"的产品。它允许你用不同以往的方式去洗手，就像安格鲁·撒克逊所讲的"锦上添花"。"水龙头"必须高质量，设计上要经久耐用。理想的设计是既经典，又前卫，还要看上去毫无陌生感。产品给人视觉上的感受要与众不同，温和而令人愉悦，放松且缓和。味觉上的感受要能唤起记忆并反映在已知的世界里。最后，听觉上要尽可能降噪，减小流水的噪声以营造安静的氛围。为了设计出符合标准的产品，仅用流体力学的认知生产出一个混合系统是远远不够的，需要设计出一款标志性产品并将其投放市场（见图3-8）。

图 3-8　一种自动化，可移动的水秘芯系统

3.6.9　在水秘芯之前的 C-K 理论

没有既定的目标做参照，这样的创新要求设计者以独特的方式去解决问题。在没有达成目标之前，要尽可能巧妙地多问问题而不是绕开问题，还要尽可能地沿用以前有的东西。设计出来的产品好像既丰富又自相矛盾，因为不仅要求节水还要洗得舒服干净。产品在持续创新方面令人信服。设计者通过反复利用已知和已掌握的认知空间，以达到最低限度使用设计资源。持续创新并未使新产品完全抛弃现有产品的样子。它看起来仍像一个水龙头，也有一个水槽，让你像从前那样洗手（见表 3-13）。

表 3-13　水秘芯的 C-K

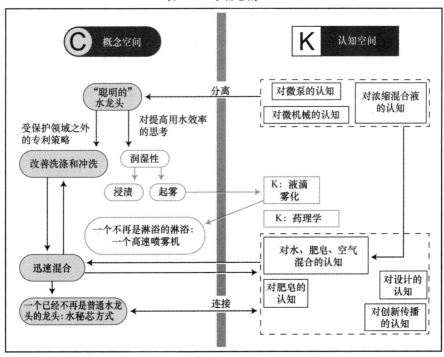

3.6.10　C-K 理论在实践中的应用：KCP 方法论

C-K 理论可以应用在高效的流程设计中。想要充分利用 C-K 理论就要不断重复勾画设计流程。但是有了这个理论就能很好地控制和管理工厂的创新了吗？这里我们暂不讨论这个问题［科利尔（Choulier）等，2010］。我们简单假设 C-K 理论不仅是阐述设计方法的合理框架，还是设计活动中的常用工具。

另外，有一种名叫 KCP 的方法论，对基于 C-K 理论进行的设计特别适用

[赫琪尔（Hatchuel），勒马森（Le Masson）和威尔（Weil），2009；埃尔奇斯特（Elmquist）和赛格勒斯廷（Segrestin），2009]。KCP 理论是一套突破式创新方法论的集合，由国立巴黎高等矿业学院与其工业合作伙伴一起发明，令为数众多的创新工作和合作伙伴受益。在知道该怎样做的同时，开发出了一套全新的设计流程，从而使最初的创意中包含和关联新的用途、新的经济模型和技术。KCP 理论设计研讨会通常需要 20~40 人一起参加。早在 2008 年，这种方法就是行之有效的"公司方法论"了。不仅在 RATP（巴黎公交车公司）应用，还有许多大公司都在推广使用这种方法（比如泰勒斯萨基姆、瓦卢瑞克、透博梅卡、阿海珐、Moveo、沃尔沃等）。KCP 方法论由三个阶段组成：

1）K（认知）阶段是为创建和分享认知基础做收集和准备的阶段。这一阶段不必产生所有的创意，但是要致力于认知的整合。换句话说，这一阶段的目标是分享认知以便和"概念相契合"或产生新的概念。并不是说不需要努力去创意，但是匆忙寻求解决方案的做法是不被鼓励的。在认知阶段，为了起草新概念，你必须分享各种各样为数众多的认知。与此同时，明确当前采纳的解决方案中糟粕的部分，并用新的有潜力的开发取而代之。我们的认知基础越广，越有助于我们开发新概念。就像拉迪亚德·吉普林所讲的那样"He who knows only England, does not know England"，与苏轼的"不识庐山真面目，只缘身在此山中"有异曲同工之妙。这一阶段就好比各种工作的背景都在手边，已经为外包做好必需的准备（比如客户或供应商）。通过创新的方法，概念被用来作为研究相关认知的起点，而不仅仅是概念内在的拓展。换句话说就是在概念空间自身里将概念至概念（C→C）的过程加以精简。对认知的审查任务广泛而不受限制：可能是关于用户的认知，也可能和公司的战略相关，或者是新科技的发展状况、现象论或社会学。认知阶段包含可追溯认知的目标转化系谱维度图。如果把认知阶段的工作此作信息收集，那么它有别于传统的信息收集方式，因为该阶段的研讨是艺术和非艺术形式的结合，认知阶段不仅仅是研讨会参与者宝贵认知的累加，更是非艺术形式的讨论，通过提问的方式，来了解"哪些是我们还不知道的？"从而帮助转换成突破式创新的概念。这个问题不仅揭示了公司已有认知中存在的弱点和局限，还揭示了那些业已存在的自相矛盾的、模糊不清的、引起争论的、千奇百怪的和鲁莽无畏的部分。通过认识这些问题，促进创新转换为概念。木材焊接公司的案例揭示了如果我们不知道如何焊接木头，我们将永远不可能知道该怎样做。也就是说，创新认知是基于那些非常规认知的整合。在巨大的探索领域内（在该案例中，焊接木材），我们发现已被知晓的解决方案由传统认知来定义。抛开传统的关于焊接的认知，还有哪些认知能让我们做到使木材的连接能与金属焊接有一样的效果呢？因此，在认知阶段，我们不仅依赖于那些已定义的可靠的认知，也阐明了已有事物和未来之物之间的多种关系。

2）概念（C）阶段中，在研讨会领导者的带领下，团队开始创新行动。虽然不能指望这一阶段产生巨大的创意，但是通过许多创新方法的应用能够创造出初始概念及其衍生概念（通过概念的拓展性分区）。已经搭建起创新认知库的团队被划分成若干小组。每个小组必须从初始概念着手。每个团队都致力于探索概念同提出的解决方案（认知）是否契合或定义出被遗漏的认知。通过这个过程，设计者们能够牢记所有他们已经掌握的和发明相关的认知。我们可以参照水秘芯公司的例子（第5章），如何从操作等剂量的咖啡机或冰激凌自动售货机中获得灵感，去验证"洗手时节水90%"的新概念。团队同时也明确出了可能被遗漏的认知从而确定主要的研究方向，减少盲目研究。在概念阶段，不同小组之间互相展示他们的工作成果，从而增强了整个团队的创造力。新的认知库从一个小组到另一个小组之间不断地衍生。这意味着每个小组不仅开发了自己的解决方案，同时也整合和分享了他们从其他小组收获的部分。最终，与头脑风暴式的创新方法相反（头脑风暴式的创新方法偏向于寻找不同的离奇想法），在 KCP 方法论中，概念阶段更侧重于管理在初始概念之外增加的新内容。

3）P 阶段（P 指项目）必须要贯彻执行概念（C）阶段提出的初始建议，包括一系列工作量的累积和具体开发，比如制造原型、模具；测试新产品或者服务；寻找新的合作伙伴；深入研究项目等。突破式创新战略是 KCP 过程的结果，而不仅仅是简单的产品或服务的创意。突破式创新战略必须有一系列条理清楚、结构清晰的迅速行动（比如运用已有的认知作为解决方案去实现初始概念）、中期行动（在潜在用户中试验半成品或者模型）和长期行动（在项目研究中获得新的认知）做支撑。通过这些行动，将建立起创新的可分享日程安排，明确多种初始备选方案并准备突破式创新。公司高层管理者需要参与项目的执行阶段。项目的执行阶段可以让他们获得可靠的信息，明白哪些信息是已经掌握的，哪些还需要继续跟进。

3.7　总结：概念的起源

新概念的产生通常受环境所迫，它不会立刻简单地出现在蓝图中。例如斯沃琪手表的案例，他们需要设计一款便宜的塑料手表来抵制日本手表的冲击。概念可以来自于设计者本身，比如他们自身的创造力和认知。设计的质量虽然属于 C0 定义或者初始概念的一部分，但是不会组织特别的创造性会议去定义它。关于这个问题我们可以提供两种解决方案，第一种解决方案存在于矛盾的形式中，第二种以隐藏的形式加以展现。

3.7.1 在矛盾中定义概念

矛盾修辞法是演讲中常用的文体，通常由一个名词加一个形容词构成，表达看似相反的含义（比如意味深长的沉默、虚拟的现实、光亮的朦胧、暗色的太阳、酸甜的酱汁、安静的铃声、寒冷的火焰、令人生厌的快乐、伟大的矮人、长羽毛的鱼等）。矛盾修辞法通过对状况、人物，或者概念的描述来打开新空间。矛盾修辞法强调事物中的意外、惊喜、荒谬或难以忍受的部分，从而激发创造出新事物，它被希望创新的作者广泛应用。法国诗人阿尔蒂尔·兰波（Arthur Rimbaud）就是一位常用矛盾修辞法的代表。他的《启示录》唤醒了许多人对创新的兴趣。

我们看一下在斯沃琪手表这个案例中，矛盾修辞法是如何被延伸应用的。首先，概念必须被明确地表达出来，越明确越有利于设计出新的概念来替代或改进业已存在的概念。矛盾修饰法将已知特性和未知特性很好地重新组合：手表将不再是手表，椅子将不再是椅子，水龙头将不再是水龙头。创新的激进理念就是这样：它既保护某事物的已知特性，又不断改进该事物的已知特性（见表 3-14 和表 3-15）。

表 3-14 突破式创新设计方法实例

如何用非油炸的烹调方式来享用油炸食物：在矛盾概念中诞生的突破式创新设计方法［沙佩尔（Chapel），1999］

文森特·沙佩尔参与了法国 SEB 公司的突破式创新设计。他帮助 SEB 公司寻求在烹调油炸快餐时该如何降低难闻气味的解决方案。问题的起因很简单：当我们烹制油炸食物时，刺鼻的气味久久挥之不去。怎样才能降低或彻底消除这种不快呢？沙佩尔对此做出解释，SEB 公司的问题就是要在看似矛盾的概念中寻求突破。换而言之，核心问题在于为油炸薯条的消费者设计出一整套系统，该系统在不改变油炸薯条口味的同时却要降低或彻底消除烹调过程中令人不爽的气味。设计者们从这个似是而非的想法出发开始探索如下三方面认知领域，即食物本身、烹调方式，气体排放。

1. 为了享用油炸食品的美味而又不必身受烹调之苦，让我们先从食物本身来客观分析一下作为消费者会如何做。首先，可以自己在家烹调。其次，也可以吃类似的食物，比如用烤箱烤制的薯条。另外，当然也可以出去吃已经炸好的食物。数据显示，当今三分之二的油炸薯条的消费者并不在家自己烹制。基于此种原因，SEB 公司最好从卖油炸锅的业务模式转变为直接卖薯条。

2. 在烹调方式方面，我们也可以设想其他烹调方式来代替油炸，比如用蒸汽锅代替油炸锅，或多或少会达到某些类似效果。

3. 我们可以提升食用油的质量或者改变气体的排放方式来降低和消除难闻气味。针对烟气流的消除，有三种不同的认知供我们参考：捕获、消除或转换。用多种活性炭过滤的方式可以帮助捕获难闻的烟气流。但是这种想法很快便被搁置一边，因为年深月久这种方式又会产生新的性能问题。

消除烟气流面临类似的问题，因为流程太过复杂，所以很难在大规模销售的产品中加以应用。那么唯一剩下的有效方式就是转换烟气流。依然可以从三个不同的流程入手，即清洗、光催化和在汽车行业中广泛应用的催化体系。最终，汽车行业的认知理念在 SEB 公司得到采纳和应用。SEB 公司在此基础上设计的创新产品被注册为雅兰飘香（Azura Purair），是一款非常成功的创新品牌。

表 3-15 用非油炸的烹调方式来享用油炸食物的 C-K

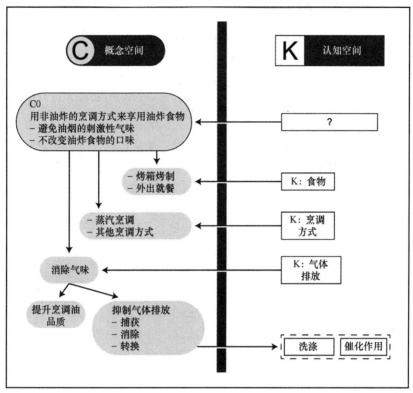

3.7.2 将看似拧巴的想法通过创新变成现实

德国一家著名的汽车制造商和一家大型钢材集团要求创新狂公司设计出一款在性能上听起来互相矛盾的产品。他们描述："我们想要一款创新设计的方向盘，当我们平稳驾驶的时候它特别牢靠，但是当遇到突然碰撞的时候，它又立刻变得柔软以保护乘客不受伤害。"什么材料能做到这样呢？如何用类比法在设计初始阶段进行突破性理论设计？用罐头盒做类比对于重要的工业客户来说可能有点风马牛不相及，但是创新狂公司正是利用它的特性探索出了一条创新之路。罐头盒在它里面放满东西的时候特别坚固，但是当里面的东西被掏空之后又变得柔软。你能想象出一个注满液体的方向盘在遇到撞击后的 5 毫秒内迅速放空吗？在这个案例里面，我们不仅在钢的特性上做了文章（钢的强度够不够是炼钢厂的事情），还根据需要重新定义了方向盘。在设计的同时，创新狂公司团队跟客户就初始问题进行了拆分和还原，并组织了研讨会。

3.7.3　用珍珠做比喻

牡蛎产生珍珠是一种自我保护行为。当外界刺激物进入牡蛎体内，它们就会分泌出一种液体将其包裹在内，使之变得平滑而没有伤害。这个比喻表明创新可以解决问题，让烦恼远离，令生活更安逸。然而，为了创新你必须首先找到需要去解决的问题。创新是社会的产物，就好像珍珠是牡蛎的产物一样。同时，我们也需要了解在各种烦恼包围下如何去组织好我们的社会生活。我们知道如何应对困难，处理问题但又不要改变我们太多的习惯。通常，改变意味着麻烦，当我们可以在舒适区里苟且谁还会自寻烦恼呢？但是为了寻找珍珠，你必须克服这些习惯，并面对周围的困难，包括有些我们从未触及的问题。

创新概念空间中的一个重要定义是创造性。创造性帮我们排除了周围的各种烦扰，找到正确的参数去解决问题。这就需要我们掌握一种拆分目标的基本能力，即创新性分离。对创新者来说，他们所面临的最大挑战是人类天生的杞人忧天和不思进取。于是乎，因为不喜欢变革，整个社会乐于接受平庸。但是创新者却永不满足，他们不仅不断寻找机会变革，还喜欢实干而不仅仅是讨论问题。

当一家公司提出设计"半自动组装帐篷"的概念时，将面临两种不同的使用群体：习惯性的顾客和已经建立的经销商或供应商。这种帐篷将消除加拿大式帐篷的组装问题。日常习惯的报告帮助我们如何面对受困扰的问题而孕育出创新概念。

最终，设计成就了概念的拓展并使之实现，这得感谢相应的认知做出的贡献。在设计里，目标必须是明确的。没有一个明确的目标就不可能去拓展概念空间。设计的价值不仅仅在于归纳出最终的 C-K 结构，而是在思考的过程中将概念得以保留并生成相应的认知。本章通篇在讲一个如何通过新的认知空间去打破和更新一项已知事物的方法。这和西方 17 世纪开始形成的一成不变、循规蹈矩的传统思考方式大相径庭。要创新，你就必须同时考虑到概念空间和认知空间及它们之间的关联区域。C-K 理论很好地连接了创新和认知这两个逻辑。创新设计通常要求设计者、工程师、市场调研员、采购和财务人员的通力合作，以此不断完善两个空间中的逻辑。设计者的角色是开发出令人惊艳的新产品。C-K 理论的正式流程虽然显得比较复杂，但是一旦掌握了诀窍，它将帮助我们更好地理解设计过程中的特性。

接下来的两章将会检验实施突破式创新的条件：第 4 章的心理学和第 5 章的组织性需求。艾尔玛·默克跟随斯沃琪度过了一段低迷期。的确，情绪低落是大多数创新者都有过的经历。在项目即将结束时有一段悲伤期是很正常的。但是问题是你如何尽快恢复过来呢？事实上，正是这些艰难的过渡期才产生了创新灵感从而引领系统性的突破创新。

比喻创新的不同形态：气态、液态和固态

4.1　创新者的沮丧

在本书第 1 章末，斯沃琪手表项目大功告成时，该项目的发明者获得了极大的幸福感。但是就像在生下宝宝后往往会伴随着产后抑郁症一样，将项目移交他人接管往往并非易事。在经历了两年的"秘密"工作，以及四年的产品开发过程后，伴随着专利的注册、工业步伐的跟进，斯沃琪手表成功面世，成为市场上所向披靡的新产品。自然而然地，它的设计者也渐渐失去了对该产品的控制，而由越来越多的负责推广该产品的人接手它。一旦你品尝到突破式创新的美味，你就会因为产品的突破式创新而欢呼雀跃，但之后就会感到彷徨迷惑，以至于需要休息一段时间进行"充电"。然后，一种新的需求出现了，这种需求又会再次触发创新，一切重新开始，再次经历奇妙的创新之旅。

"我并没有意识到，在过去十年的职业生涯里，我很大程度上像个蚕茧一样地被保护。我无须为其他行政事务分心，包括销售，甚至是公共关系方面的事务。我能专心致志地寻求知识和解决方案，凭着经验去测试想象中的概念，在无数的会议上和公司的同事们倾心交流。但是我在斯沃琪手表和岩石手表项目进行过程中所累积的压力，以及我对集团管理所产生的疑惑，让我对现状越来越不满意，除了离职，我找不到任何出路。我也非常渴望其他行业或领域……但看起来自己当老板是唯一解决问题的方法。我有种被困住的感觉。"艾尔玛·默克吐露。为了不至于崩溃，他决定靠自身的努力去消除面临的诸多压力。然而看到的现实是外面的世界异常残酷。首先，没有人会等他。其次，在外面的世界里，管理方面还是存在同样的问题。尽管很多人在兴致勃勃地谈论创新，但很少有人义无反顾地去付诸行动。

坦白地说，很多管理方面的演讲都在谈论突破式创新，但听起来更像老生常谈。广告宣传、政治演讲、广播或者高层会议上几乎每天都在讨论变革、领先其

他竞争对手，甚至冒着风险去进行突破式创新的重要性。可是事实是虽然每个人都在信誓旦旦地谈论创新，但是只是做了一些翻新的工作而已。仅仅是在原有的基础上，添加一些增量，就把它当作创新。虽然我们口口声声说喜欢创新，但实际上，大多数情况下我们还是故步自封。来自股东的短期压力，资源的紧缺，已经建立起来的各种管理制度、奖金、职业规划，还有被夸大的风险管理，太多因素阻碍我们去考虑不可能中的可能而设计出超前的产品。更重要的是，寻求突破式创新的解决方案一旦失败会立即带来严重的后果，那时候所有的损失都会凸显出来，包括一些隐性的损失，比如失去工作或失去老板的信任。

克莱顿·克里斯滕森早在哈佛商学院教书的时候，就曾清晰地解释了为什么大公司更倾向于增量创新而非突破式创新（1997）。他相信其中的原因并非是大公司缺乏竞争力，而更多的是公司管理，以及公司与外部环境之间的关系等多方面的原因，尤其是在处理和大客户的关系的时候。（见表4-1）如何理解创新和翻新这两个听起来截然不同的词汇？如何化解矛盾，使问题得到最终解决？如何实现突破式创新？我们不仅可以使用前面几章提到的C-K理论来处理设计层面的问题，还可以通过改变组织结构或调整精神状态来面对和处理这些问题。

表4-1　为什么有影响力的大公司倾向于增量创新，而不是突破式创新

实际上，公司最优先和最想服务的客户是那些有经济能力的大客户，这会导致他们忽视差异化服务，同时也给了竞争对手通过突破式创新来赢得客户的机会。的确，大公司的资源会向那些大客户倾斜，而那些大客户为了稳定发展，并不想要突破式创新，只想改进。

组织变得越庞大，抗风险能力越强，也就越容易成功，因此它更需要建立和维护稳定的市场网络来保持自己的自然增长。那些有影响力的大公司本身就是市场网络构成的重要部分（这个市场网络还包括客户、供应商和合作伙伴等）。它们都有内部健全的方式和制度去鼓励他们做增量创新。正因为如此，在市场占支配地位的公司没有必要去尝试和承担突破式创新的风险，尽管有时候这些尝试可能令他们获益匪浅。

从风险选择的角度来看，等待市场变得成熟后再投资是一种理性行为。所以那些在市场上占支配地位的大公司容易忽视一些新兴市场。通常这些新兴市场的容量比较小，但这里恰恰是创新的摇篮，依靠创新来规避已有成熟市场上的竞争。

当你已经处于市场支配地位并且是位广受关注的成功者的时候，你会尤其害怕失败。这也是人们真实普遍的心理反应，因为一旦失败也许就会一败涂地。

组织不可能自己实现创新，因此想通过搭建一个随意的组织架构，或者雇用一个创新经理就实现创新的想法是幼稚的。无论出于被迫还是自愿，组织要做的是为个人的创新活动提供平台。所有的创新都需要有效的支持环境持续的促进行动。而创新型组织恰恰可以提供有能力的人才、社会关系，以及必要的资源整合。总而言之，成功的关键是人。个体之间的合作，创新构思的形成，概念的选择及使用会进一步发展已有的认知。而框架则是另一个对创新的有效支撑。它支持创造性的直觉，以及对知识没有束缚的利用。如果一个组织仅仅是创新活动的场所，那么有必要去深入挖掘"人的因素"，因为组织可能会鼓励人才的发展，也可能会抑制人才的发展。

还用刚才列举的分子形态的比喻，想想什么叫"天马行空"。一定的天马行空可以引导我们从创新走向革新。不可否认，我们在潜移默化的思考中或多或少，最终被引导成为有创新能力的人。

4.2　用分子的不同状态做比喻来说明创新的起源

如果我们在短期之内不能通过自己改变社会，至少，我们要尝试理解为什么我们会面临那些困难，尤其是创新方面的困难。面对缺乏理解的现状，组建属于自己的分析网格变得尤为重要。同时，为了和之前章节提到的 C-K 理论形成对比，这里介绍的"分子比喻论"还没正式问世，就已经被研究领域的同行们迫不及待地测试应用。一切为了助力实现创新，这也是为什么该"应用理论"得以迅速发展的原因。艾尔玛·默克于 1986 年离开 SMH 集团，当时他觉得他曾经是一位创新者，但后来再也不是了。虽然他日后意识到他的离开对公司来说并无大碍。有时候，我们深信我们自己是对的，其他人都是错的。即使这种感觉不可能维持长久。就好像一个人开车逆行，他反而觉得顺行的人都是傻瓜，以为别人全都开错了方向。一位心怀梦想的创新家首先用分子的不同状态做比喻并把它发展成家喻户晓的"理论"。因为他希望通过这一理论了解自己经历了什么和怎样去面对这些经历。埃里克·冯·希佩尔（1986）则认为分子比喻论由实验者提出。它的形成是为了解决当实验者自己遇到难题，在这些难题不光没有解决方案，还不好解释时给自己一条出路。不识庐山真面目，只缘身在此山中。艾尔玛·默克经历过失败和气馁，归纳总结出该理论来帮他梳理和洞悉他所经历的事情。更重要的是，向与他共事的人解释清楚他所经历的一切。比喻的方法通俗易懂，会自然而然地促进你和他人的交流和互动。理论创建之初，就是一个化繁为简的模型，帮助人们分析创新，理解对创新的不同态度，以及消除对创新的误解。"分子比喻论"通过气态、液态和固态的不同分子形态来描述人们在不同的理智模型下的行为，以帮助人们做出正确的价值判断，帮助人们在成为连续创新者之前理解和学习创新理论。该理论是创新狂公司通过 30 年创新经验强化出来的创造核心，被广泛用来创新，以及创新者和其他人的沟通互动。

4.3　用分子形态来比喻创新的精神状态

这种专注于发现其他方法的热情，这种质疑现存信念的无政府主义需求，这种对创新革命的兴趣，是否都是极为罕见的呢？实际上，伴随人类自身发展的过程，创新能力是一个非常普遍的礼物。特里萨·阿玛比尔（1996）是创新领域世界公认的专家，也是哈佛商学院的教授。她对这个课题有着清晰的认识：尽管大部分的经理人认为只有几百个人具有与生俱来的创造能力。但是每个人都可以在不同的层面上展示自己的创新能力。毕竟，我们很多人出生时都拥有巨大的创新潜能。平时，许多人都在下意识地以一种创新的方式开展工作。只是大部分人并没有意识到他们的创新潜能是什么或在哪里。部分原因是因为他们处于一个糟糕的环境里，而这种环境摧毁了创新的动机。创新，不只是发生在那些具有创造力的个体中，人人皆可创新。

换句话说，那些激情澎湃，在他们的专业领域中体会过创新快乐的人们在哪里？其他人又在忙什么呢？为什么创新者和中间管理层之间的对话那么困难呢？如果所有人都特别有创新活力的话，为什么人和人之间的相处还会如此困难？许多公司在市场上投入无数，但为什么在创新上却吝啬小气呢，为什么我们鲜有突破式创新呢？

让我们用水分子来做比喻。不论它是水蒸气、水滴或雪花，水的分子式保持不变。只是它的聚合形态不同：气态、液态、固态（见表4-2）。我们人类也经历着不同的精神状态。利用水分子的不同形态做比喻，可以帮助我们定义和区分创新的不同形态，使我们之间的对话和交流易于理解且通畅。

表4-2　分子形态的比喻：气态、液态、固态

4.4　气态的精神状态

呈现气态的精神状态是创造力的精神状态。它是用于描述那些创造、发明、想象、扩展、分享和梦想的一种精神状态。气态的精神状态不能够浓缩为一个严格定义，我们可以在多个层面上使用词语来解释阐明。我们常用词语"直觉、灵感、梦想、自由、幻想、想象和创造力"来描述气态的精神状态中较为积极的一面。而"妄想、混沌、错觉、乌托邦、感应和空想"则用来描述它较为阴暗的一面。在气态的状态下，没有什么东西是确定的，亦没有什么东西是有逻辑的。它既可能产生魔鬼，也可能产生天才。因此，在处于这种气态的精神状态中，你不得不接受某种特定形式的空想。也许，你需要冒巨大的风险。但是，谁知道呢，它可能是伟大革命性成功的迹象。

气态的精神状态，就像新生婴儿的精神状态，孩子们的玩耍之地充满着自由、错觉和想象的空间（见表4-3）。我们很熟悉这种状态，因为它让我们回忆起我们的童年，只是我们不能栩栩如生地保持这些记忆。

表4-3 孩子般的思考或做得与众不同

当我们还是孩子的时候，我们最擅长做梦和创造，然后开始了学习生涯。当我们刚成年时，那些所谓的现实、逻辑、系统、能力、功效及效率，还有那些 ISO 9000 标准开始充斥我们的大脑并成为社会认可的参照物。尽管所有这些东西都是和创新背道而驰的。"作为一名儿童，一个看起来很小的事故也许会永远改变我的生活。我的腿在滑雪事故中被摔断了。"默克回忆到。在英国，"摔断腿"这个描述能给一个上舞台之前的演员带来好运。然而，在法国，"摔断腿也许会更好"一点儿没有正面的含义。但是对默克来说，这条摔断的腿，以及接下来在医院度过的漫长恢复期，却是给精神上做个反省的一段宝贵的只属于自己的时间。"我发现做白日梦的巨大幸福。我身体上，以及观念上所处的环境，都是我探索的领域。"

谁不惊叹于孩子们通过游戏探知世界的能力呢？可是，成年人往往忘记了自己也能达到这种海市蜃楼般虚无，又好像拥有神秘莫测潜能的精神状态。

气态状态下的创新并不是你能直接使用的一种产品，它刚刚崭露头角，还需要改变和投资。这好比我们并不了解诗人的感情。对于读者来说，诗人需要把他们的感情转化为读者能理解的诗歌。当气体凝结时就成了液体。然而并不是所有的组织机构都能够创造出正确的环境让这种改变发生。有些组织气态下的创造力尚且缺乏，更不用说将气态转变成液态了（见表4-4）。

表4-4 气态的精神状态

关键词：自由、运动、幻想、灵感、梦想、想象、创造、乌托邦、反应、探索、混沌、压力、错觉、直觉、扩展、阐明……

在斯沃琪手表的故事中，手表工业可能会消亡或者面临破产的风险，这给决策者带来了极大的压力，从而使气态精神状态能够孕育出不可预测的创新机会。

4.5 液态的精神状态

液态状态像学徒期，要在这一阶段实现求学、发展及转变。这种精神状态是所有开发者和转变者的特权。在这一阶段将诞生演变和教育，并建立起美学、规则和真理。在液态状态下，"事物"蓬勃成长，稳定的经验将被分享。

熔（融）化或者冷凝可以使物质变为液态。熔（融）化令人想到思想的重生，一个陈旧的概念或现存的认知片段以一种新的形式露面。液态精神状态的特点是调动产生新的概念，重新设计旧的概念，例如时尚行业提供了许多这方面的例子。关于冷凝，它不再是利用旧的概念，而是利用一个实实在在的、可描述的新概念。冷凝使我们直接从空想到现实。例如，苹果公司开发 iPhone 的时候，在 2007 年上市之前，它在公司内部被视为一个乌托邦。当它进入商业化阶段时，通过修改了一些手机中广为人知的特性，它被看作是一款全新的产品。液态状态下的创新不再只是梦想，而是制造与改变。即使在液态的精神状态下，事物的特性还不明确，但演变和运动仍在继续。液态的精神状态虽然是在动态中呈现自己，但是整个过程中并没有太多断断续续，它以一种逐层、规整而非剧烈波动的形式来表现创新，就像液体的流动一样。在液态阶段，一个公司有规则可遵循，有基于规则的设计；有做事的流程、临时性的框架（计划、组织），以及可依据的经济框架（目标、商业模式）。然而，我们不能低估液态精神状态可能面对的重重困难甚至是损失。在转变过程中，要攻克很多难关，付出很多辛苦和汗水，甚至泪水。因为它不是基于简单规则的设计！我们通常会对在学校第一年的经历记忆犹新：学校标记了对液态精神状态的改变。后面的经历在组织中真实存在，组织提供社会认可的、正规的认知和技能，也验证、证明、确保证据和事实的可靠性（例如培训机制的建立、研发）（见表 4-5）。

表 4-5 液态精神状态

关键词：运动、冷凝、熔（融）化、饱和度、流体、柔软、优雅、进化、密度、眼泪、汗水……

4.6 固态的精神状态

固态状态代表西方社会主要推崇的理性世界，它由秩序、规则、稳定性、严肃性、结构、权力、力量、成熟、具体、操作性和可重复性来定义。固态的精神状态常常作为一项目标出现。它是一种追求，一个政治计划或一款证明。我们都是有责任感的成年人，这是一种承诺。虽然它是创造的结果，但是已经失去了创造力的精髓。在过去的五千年里，我们几乎没有从基因或物理角度再进化。我们的恐惧和我们祖先的恐惧别无二致。我们仍然恐惧未来，害怕死亡。今天的认知和技术发展为我们提供了不可思议的手段去治疗疾病。伴随着药品的使用，我们从焦虑中冷静下来。还有一个简单的例子就是日历的使用：我们为接下来的几个月制定计划，当然在我们的计划里并未考虑到死亡这件事。我们试图用各种计划和预测来安抚平息我们内心对未来的恐惧。这些计划和预测包括商业计划、职场规划、退休计划、人寿保险、年度预算和政治规划等。

我们第一次体验固态的精神状态是在我们进入成人世界后，通常发生在我们的专业或学术生活中，比如在我们学到音乐或手工艺方面技能的时候。这种精神状态，帮助我们进一步改善业已存在的产品和我们所熟悉的事物，让我们做类似事情的时候能做得更好。每一款成功的产品或服务都以固态的形态在价值链中构建。然而，在照明世界里，我们不是通过制造更多的蜡烛来创新，而是通过发明电灯泡来实现创新。

存在的秩序越多，固态结晶的纯度也就越高，关于其起源于气态的记忆就越遥远。固态的组织明确了合作的方式、复制的标准和各种规范，按照等级制度运作，规则严苛，知道如何定义价值、制定相应的规范、遵守相关的贸易规则、确定验证标准和业绩考核指标等（例如军队、工厂）。大量关于组织理论的文献用所谓的突破式创新的语言对固态理论进行了研究，显示了他们如何通过有效管理来维持产品的平稳发展的（见表4-6）。

表4-6 固态的精神状态

关键词：逻辑、系统、ISO 9000、清晰、标准、程序、规则、控制、能力、效率、结构、现实、准确性、严肃性、力量、技巧、强度、稳定性、一致性、成熟……

4.7 不同精神状态的人之间的对话就像与聋人对话一样困难

　　处在三种状态下的人思考问题和处理问题的方式大相径庭。处于不同的精神状态的两个人即使他们说同一种语言，源自同一种文化，有相同的教育背景，他们之间的对话还是异常困难。处于气态和固态精神状态的两个人几乎是无法沟通的。当处于固态精神状态的人和处于气态精神状态的人沟通时，他会非常懊恼："这个家伙不可理喻，思维混乱，做事不得章法，他为什么总是不按我的要求去做呢？为什么他还没有完成他前天给我看的东西，他总是又提出新想法？他既不尊重预算，也不遵守期限，他应该像我一样做事井井有条。我付他工资是让他解决问题，而不是创造问题的。"同样，处于气态精神状态的人也会嘲笑处于固态精神状态的人："这家伙只认钱，他心胸狭窄！他根本不明白世界一直在变。每次和他相处都被踩躏！他不撞南墙不死心，我和他分享的每个创新想法在我看来是珍珠，在他眼里如粪土。"两种状态的人之间的对立普遍存在，彼此的芥蒂根深蒂固。如果有人心怀叵测，那么争论的赢家永远是处在固态的人，然而工作不是争论不休，双方要相互合作，相互尊重。这三种状态并不是互相排斥的，它们可能同时存在于某个个体中。三种状态中最强大的是固态，像军队一样不容变通。然而在冲突中，它总是一往直前的创新将军。我们从童年到长大成人都经历了这三种精神状态。一个精神健康的人在每天的日常生活中能顺利地从一个状态过渡到另一个状态，比如一丝不苟的法官在业余时间喜欢欣赏现代音乐，放浪不羁的艺术家有时候也需要家的温暖，衣冠楚楚的银行家周末可能随意涂鸦。在斯沃琪项目中，也充分证明了这一点，比如工程师们变得有艺术创意，而设计师们经过培训也精通工艺流程。如果一个人同时经历三种不同的状态，那么这个人八成是精神分裂了，但是在紧要关头，同一个人可以从一种精神状态过渡到另外一种精神状态。处在不同精神状态的人也可以互相合作得很好。

　　为了成为一个"优秀的"有气态头脑的人（通常人们认为有气态头脑的人拥有好的创新能力和感觉），最重要的是要拥有一个固态的过去。通过斯沃琪项目，我们可以总结相关的经验教训。在前面一章中，我们介绍了如何打破已知的规则，其中最重要的手段就是广泛的认知方面的积累。也就是说，为了探索创新概念（C）空间，必须在认知（K）空间积累足够的技巧。

　　这个比喻并不是为了解决创新者与其他人的关系问题。他们处在怎样的精神状态？我的精神状态又是什么？回答这些问题让我们豁然开朗，不再纠结我们在创新之初会面临的层层阻碍，明白自己为什么和那些什么都不懂的人格格不入。精神状态的比喻是为了帮助我们了解创新者在固态世界中面临的内在冲突和感受到的挫折，并不是为了随意评判别人。而且通过这个比喻，我们也明白要成就突破式创新所付出的艰辛。因为当代商业世界已经极为固化，而创新却直接与液态和气态的状态联系在一起。

处在固体状态的公司往往在组织结构上竭力排斥气体状态的存在。在他们眼中，气体状态与公司的文化和氛围格格不入（从这一点来看，斯沃琪手表项目是个特例）。虽然固体状态的公司非常明确他们的需求，但是要想实现突破式创新，显然气体状态更符合。当时的ETA（斯沃琪集团的前身）通过建立一个液体的缓冲区达成了公司内外部各种利益相关者之间的相互理解（见表4-7）。

表4-7 液态的精神状态是进入其他两种状态之间的跳板

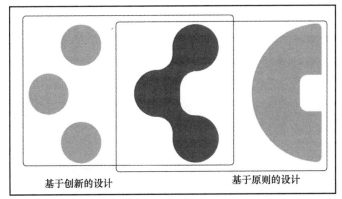

基于创新的设计　　　　　　　　基于原则的设计

分子不同形态比喻的实践性非常强，它让艾尔玛·默克豁然开朗，明白了他在ETA面临的内部冲突和最终导致他从ETA辞职的原因。分子比喻帮助默克解释了突破式创新之所以困难重重的原因，同时也解释了为什么在工业服务领域中存在少数虽然不灵活但有创造力的人。这些思想与渴望发展的愿望相结合，在反复进行的突破式创新的基础上，最终在1986年促成了创新狂公司的建立。一开始公司只有艾尔玛·默克一个人独立工作。

在离开ETA之后，默克用周末晚上的时间在一所学校担任教师来贴补家用。他花了四年的时间才挣到足够的钱来养活自己和家人并能雇用其他员工。大约在同一时期，艾尔玛·默克遇到了后来成为他第一位合伙人的马赛尔·埃施利曼。马赛尔是默克的一位学生，他同意在没有任何工资的情况下加入创新狂公司。此后，创新狂公司取得长足进展，并建立起行之有效的支持突破式创新的组织结构和商业模式。

第◆5◆章

女酋长的比喻

5.1 组织如何实现突破式创新：创新狂公司，一个典型的创新工作坊

突破式创新是如何开展的？又是在什么样的组织里发生的？本章将通过对创新狂公司的介绍来回答上述问题。创新狂公司是一家创新工坊，它致力于新产品、新技术在相关行业的研发。这家公司不仅专注于自己的研究项目，也致力于为客户提供同样的服务。创新狂公司的 60 家客户主要来自跨国集团或中小型企业，并为其提供了 80% 的业务量。自 1986 年成立以来，创新狂公司已经成功交付了 750 余项发明，申请了 180 余项不同领域的专利，并创立了 8 家企业。该公司拥有 30 余名来自不同领域、不同文化背景的专家，并成功地形成了该公司独一无二的专业优势。在过去 30 年里，只有极个别的员工离职。绝大多数员工都在这个先进又有活力的组织中得到成长。该公司的专家来自各个领域，包括物理学、电子材料学（特别是塑料和木材）、化学、数学、法律和知识产权、设计、内部设计、建筑学、经济学和商业开发等。创新狂公司的服务覆盖了从提出概念到投入生产前所有的环节，涵盖美学整合、工程规则的构建和开发、申请专利、打样分析，甚至还包括材料选型及配比等。创新狂公司拥有这样一个团队，由于他们透明的工作风格，使他们可以忽略规则、服务和部门的边界。它的工作文化是偏离主流方法、提出非同寻常的概念，并为你提供创新思想。因为他们十分专业，又融合了技术和美学水准，所以能够通过开发新概念和新认知来帮助客户不断实现创新。

5.2 专业发明者

在客户看来，创新狂公司是一家提供突破式创新服务的供应商。它给那些苦于创新的企业带来许多新奇而有趣的想法，使企业在创新方面得到了启发。大多

数具有传奇色彩的发明家的形象都是既友好又年轻的，他们的生活仿佛轻轻松松。但是在令人艳羡的形象背后，才是那些真正的专业发明者。他们创造力丰富，埋头苦干，博学多才又高效贯通。今天，"创新"这个词汇被赋予了更加宽泛的含义：明确定义了突破式创新企业的特性。它们不仅提出想法或者概念，还生产并提供创造性的产出。本章阐明了突破式创新企业与一般的工程团队或部门的区别。从更全球化的角度来说，处于阴影下的未知领域吓退了一大批企业，而创新的制造者们则证明了他们可以轻而易举地涉猎这些未知领域。从历史角度来看，20 世纪初成立于美国新泽西州门洛帕克的托马斯·爱迪生中心和成立于美国新泽西州的西奥兰治的托马斯·爱迪生国家历史公园都是突破式创新的代表。它们不仅取得了令人难以置信的成就，而且证明了突破式创新是系统的和可复制的。爱迪生创新工厂同时工作于几个完全不同的领域，并致力于新技术在这些领域的完善，涵盖新传播模式的发展（比如：培训销售人员的系统）、新产业系统的设计（比如：一种录音系统的开发和产业化，包括了它从概念的提出直到在网络上实现传播的全过程）和新客户价值设计（比如：一种音频与影像方面的新型休闲大众市场的探索）。那么，现实中突破式创新工厂是如何开展工作的呢？在组织中该如何有效管理和激励这些专业发明者呢？

基于规则建立的组织通常不需要突破式创新，创新带来的愉悦感也不是它存在的动力，这样组织的首要任务是维持业务的正常运转。为了有别于基于规则建立的组织，基于创新的公司得以建立。创新狂公司就是这样一家基于创新而成立的公司。它的首要目标是与客户一起提出创新理念，同时创造包括与之相配的技术、设计、产品、系统，以及商业模式。总而言之，是为了给客户一种及时的、有竞争力的支撑。为了能够生存下来，可重复的创新流程至关重要。你该如何创建一家突破式创新企业，并让它随时为未来的行动做好准备？创新型企业必须是气体或者液体的状态吗？在循规蹈矩中面临被固化的风险的时候，只有自身的创新才能面对不断变化的市场吗？

5.3 独特的组织原则

为了让创新狂公司连续超过 30 年保持创新活力，同时实现其突破式创新的目标，必须实施一些看似简单其实却相当复杂的组织规则。

1）不要根据设计结果来安排生产和市场销售。如果一个企业要这样做，它会发现自己处于一种必须将其具体化的窘境。因为它要求企业规划其在应用领域而不是探索领域中的活动，包括安排生产和销售，以及改进现有流程。这是一套陈旧的组织发展结构，而并非创新工厂的模式。

2）不要与客户的竞争对手合作。由于突破式创新是要学习和了解如何定义客户的未来，因此，相互信任是在这个行业取得成功的不可或缺的条件。通过遵守信任原则，创新狂公司长期以来致力于为客户的产品、服务、概念和认知寻找新领域。有创新狂公司的帮助，客户在创新方面不必像专家一样去费力了解全部。对创新狂公司来说，如何精准定位什么才是对客户最好的创新建议，才是他们所面临的挑战。这建立在对客户已有认知和未来需求的充分了解上。实际上，创新狂公司专注于多个领域的创新开发，包括食品、医药、汽车、化学、包装、制表业等。

3) 在创新领域拓展时，要尽量避免过于专业化而造成思维上的固化。创造性团队的认知范围要涉猎多学科，跨领域。有时候，由于缺乏重复性的项目或长期项目（比如团队可能三到六个月里没事情可做），对业务增长和渴望创新的要求会促使创新狂的开发团队寻找新的活动范围。"我们一直在进步"，一位创新狂公司的经理解释说。常常是在这种持久不变的基础上激起的变化导致团队发现了另外一个全新的认知空间。这虽然不是开拓已有认知空间（比如公司目标）的最好方法，却是进一步拓展认知空间的好方法。"在刚开始的时候，我们经常被客户误解为是一家工程技术公司或工程咨询公司。但是后来我们所展现的工作成果会让他们消除误解。"默克解释说。理性地讲，一家工程咨询公司往往会使用它所拥有的认知空间，但是创新狂公司的工作却延伸了那些认知空间。并且，创新狂公司也因此成功地维持了气体和液体两种状态在组织内同时存在。

4) 传统的金字塔式组织结构和资本结构不利于突破式创新。创新狂公司在摸索中找到适合和鼓励创新的管理模式。这种管理模式既保证了我们能掌握所需的信息，使我们能够清楚地了解创新的真正价值，同时又避免了让我们产生错觉，从而做出错误的判断。创新狂公司的主管们将自己的组织想象成一个矛盾共同体，就像苏联时期的合作农场。一方面，在一些敏感事情的处理上完全透明，比如每个人的收入、奖金、账户进出或者订货簿管理等。另一方面，在投资管理上却规定了严格的限制条件，并要求投资不可转让。这些规定将创新狂公司的投入限制在公司着力发展的特定活动上。下面将会详细介绍这个不同寻常又行之有效的组织模式。另外，公司的所有决策都由投资者投票决定。所有人都可以发表自己的意见，展示和捍卫自己的观点。这种管理模式不是在追求平等主义，而是要保持公平并激励员工。在一家创新公司工作时，为了完成任务，我们要时刻调整自己去适应创新过程中出现的各种突发状况。

5) 相信实践出真知，创新狂公司避免任何方面的商业化。在 20 世纪 90 年代的后半期，公司的主管们就已经将自己定义为一个创新孵化器，不仅与外部客户并肩合作，为他们充当设计者，为了生存和发展，创新狂公司还时刻积极面对经济现实，不断将自己的创意付诸实施。为此，创新狂公司明确定义并实施了自己独特的业务模式：80%的工作时间服务于外部客户，20%的时间留给自己。在自己的主要活动领域，创新狂公司通过提升有别于其他创新咨询公司的竞争力，建立起自己的良好声誉。可以说创新狂公司正在引领创新工场这艘小船扬帆启航。正如它的口号："我们坚守创新承诺，为您也为我们自己。"三十年来，创新狂公司已经派生出为数众多的新公司，例如，微斯威公司（Miniswys SA）：致力于微型发动机；木材焊接公司（Wood Welding SA）：致力于木材和骨质材料的焊接；水秘芯公司（Smixin SA）：致力于智能洗手系统；优力雅公司（Joulia SA）：致力于绿色能源。创新狂公司每两年就会派生出一家新公司。让我们回顾一下本书的第 3 章，通过水秘芯的实例（创新狂公司借助于客户的技术，实现了跨领域和规则的突破式创新，并得到客户的认可），描述了创新狂公司如何得到客户的授权，通过突破式创新，将创新成果应用于其他非竞争关系、非重叠领域的客户。比如，与来自汽车行业的客户一起合作产生的创新成果，在得到客户授权后，可以将其重复应用于非汽车领域的客户。

5.4 创新狂公司的国际组织架构

1. 合作伙伴

每个在创新狂公司工作的员工都是"合作伙伴"。之所以叫合作伙伴，不仅是从语言上，也从工作环境与合作中避免了商业意味。合作伙伴们参与公司重大决策的制定，他们从一个名叫公开书（open book）的地方获得公司所有的战略信息。每位合作伙伴同时也可以是一个分拆启动项目的投资人。他们通过积极贡献使自己的财富增长而不是使创新狂公司的财富增长。每位合作伙伴都可能根据他的最终贡献等级升级为投资人。现在，已有超过 1/3 的合作伙伴成为投资人。

2. 股东

只有在创新狂公司工作，并且致力于其长期发展的人才能成为股东。资本只掌握在股东合伙人手中。所有的外部补贴都是不可能的，但除了创新狂公司之外的初创企业却不是这样，他们可以向外部投资者开放。创新狂公司的资本不能被继承，也不能共享或出售给非合作伙伴成员。这样的股权关系反映在创新狂公司发展的整个历程中。公司将创新行动和财产增值紧密关联，以免公司的日常运作受到纯粹想依靠资本利得度日的"退休者"的干扰。公司每年按照大约为年收入的三分之一做最低估值。股票买卖的成本被故意限制在较低的资本估值上以避免财富流失。公司价值的增长来自于创新活动而非资本运作！这样只有创新狂公司内的活跃成员才可以成为股东，并得益于较低的股票价值，外部投机者被排除在外。正因为如此，创新狂公司的员工不会为客户的竞争对手工作，即使这里没有养老保险，没有休整，没有重来！在这种环境下，唯有创新才能生存。创新狂公司的员工只能依靠自身的不断发展去创造新价值。公司的股份并非平均分配，而是基于如下原则：为了保证拥有一个经验丰富的核心团队，公司规定三分之一的投资人必须持有多过三分之二的公司股票（5个股东占有公司90%以上的股份）。对于公司的合同、奖金、调薪、批准创业、资本投资、雇用、战略、伙伴关系等重大决策，公司的股东们遵循"一人一票"的公平投票原则做出决定。当一位股东决定投资一个分拆项目时，他既是一位合伙人又是一位投资者。产生这种对红利损失的补偿计划的原因是因为创新狂公司把资金投到新公司，而不是投给它原来的同事（按照项目及时结算比支付年金更好）。股东的利润通过收购和分拆获得，而不是因为售出股份。当一位股东决定离开时，他必须卖掉创新狂公司的所有股份。新的股东能否获得该股份取决于他能否为公司的现有股东们带来令人满意的增值回报。在2015年，公司主要有三位股东：艾尔玛·默克占30%的股份，他的第一位合作者马赛尔·埃施利曼占28%的股份，他的第二位合作者安德烈·克洛普费恩斯坦占20%的股份。股权百分比在不久的将来还会发生改变，因为公司正准备将火炬传递给下一代。

3. 工资

创业狂公司的固定薪水低于市场上大部分公司的平均水平，比员工可以在其他公司找到的相应职位的薪水低得多。在经济衰退时期，较低的基本工资使创新狂公司得以维持正常运转。在经济繁荣发展时期，较低的运营成本可以转换为可观的利润。公司的年度收益分配方案是大约三分之一的年度收益分配给合伙人，三分之二分配给股东。根据不同项目所花费的不同时间和分组讨论来评价个人贡献度，并依此每年评选出关键创新人员。在公司的管理规则中，对工作时间有精准管理：公司可以实时地知道每位合伙人的出勤状况，所有的信息都公开透明，每位员工都可以在电脑网络上查看。这样影响评选结果的不是特权阶层（实际上也不存在），而是遵循平等投票原则的股东群体。

4. 工作区的组织架构

公司的办公场所并未按照部门划分，而是将一个巨大的空间分为三个不同的活动区域：

1）团队一起开发项目的平台。

2）不参加任何项目的人员工作交流的空间。这些地方被划分为两个区域：一边是会议室，另一边是非正式社交场合，例如员工放松的区域或咖啡吧。员工们可以在咖啡吧一起进餐。作为对员工努力工作的回报，即使是"最资深"的合作伙伴，每周也必须尽可能地为每位员工准备价廉味美的饭菜。

3）进行测试和快速学习的实验性区域，这里通常是个实验室，里面装备了3D打印机、激光切割机、金属加工机、注塑机和木材加工机等。这里为员工提供了一个既能进行复杂工艺设计又拥有快速加工能力的创新工厂。你可以在这里找到最快、最经济的方法来加工出产品的原型。这一区域并非技术员工专用，合伙人和股东都有可能出现在这里。

在扁平化的组织结构中，每位员工既是老板，又是实干家。公司鼓励体力活动与脑力活动相结合，三个不同活动区域彼此非常接近，可以随意自由走动。结构上的布局正体现了这一安排。

5.5　用女酋长的比喻来说明管理的两面性

消息灵通的公司在提供当前产品和服务的同时，会持久充分地利用自己的资源为未来创新产品的开发做准备。请允许我们冒昧地在工业领域和人类繁衍这两个平行空间里打个比喻。母亲陪伴孩子们长大成人，一位母亲肯定不会不停地生育。因为在传宗接代的同时，她也要考虑新出生的孩子会不会对已有的孩子的教育产生影响。创新领域亦如此。创新象征着工业领域的生命力，就像我们要避免将生育率和生育质量混为一谈一样。创新指生育质量，创造则是提出新观点。你可以将举办的创造研讨会的数量和通过研讨会产生的没有付诸行动的突破性概念相乘，就会明白真正的创新寥寥无几。什么样的组织架构和战略可以为突破式创新的发生提供可能？你该如何协调创新与革新？

1. 生存和保护

母兽总是处于短暂的求生本能和长期的保护本能的矛盾中。我们知道狮子在没有足够食物的时候会吃掉它的后代。生存与保护没有同样的优先级，不适合在同一时间共存，但作为母亲必须同时承担这两方面的责任。在一个频繁变化和发展的世界中，任何企业如果只计划下一周的行动是不能生存下来的。打个比喻，就是母兽必须在每天的狩猎、进食和生存的同时为孕育下一代做好准备。母兽必须出去狩猎和繁衍后代，我们也必须开拓和探索。这是创新管理中众所周知的矛盾所在（见表5-1）。

表 5-1　组织同时开拓和探索的矛盾结构

组织科学已经阐明了由一套依据原因的对立辩证法组成的矛盾心理。双元已经清晰地描述了如何在日常工作中创新的方法。在管理中，任何事物都有两面性：一方面你要充分利用差异性（用其中一个去帮助另一个），另一方面你要避免两种矛盾相互干扰（从一个到另一个）。彼得·德鲁克（1974）是最早坚持用一个组织同时管理运营和创新的人之一。所有的出版物都是用詹姆斯 G. 马奇（1991）提出的"探索"的概念。这个管理的探险家定义了经过实践的和新的不确定的探索，与完善和拓展已有运营的开发紧密相连。根据马奇的理论，探索是"包括诸如研究、变化、冒险、实验、操作、灵活性、发现、创新等的行为。"现在，管理界的作者推出了开拓和探索"专业化"（也可以说区别化）的概念。文献中提到了三种组织形式：

- 结构性矛盾，开发和探索活动在同一组织内的不同项目之间进行分配，因此会在或长或短的时期内管理着或多或少的探索项目。
- 情景性矛盾，开发和探索活动在同一组织内分配给不同项目，因此会在或长或短的时期内管理有或多或少的探索项目。
- 网络性矛盾，将开发和探索活动分为不同的法律实体，与不同的组织，互补和结合。

很多公司都正在寻找并继续寻找创新的方法。有两个限制条件影响了创新在公司内部发展。首先，创新必须从母亲的愿望开始。如果这个母亲"连生都不想生"，那什么都不会发生。如果公司高层管理者不想创新也不支持创新，除了偶尔鼓舞人心的演讲外，什么都不会发生。母亲有选择生育的权力，她可以孕育生命，也可以放弃它，例如砍掉创新的预算。第二个条件是创新的能力，要有一个实体或专门的组织去实施创新。

2. 突破式创新的组织及战略

女酋长的比喻有助于展示创新工厂如何运用经典的矛盾理论中的三种组织形式来处理日常创新中遇到的难题［布里翁（Brion）等，2008］。如果一家公司能同时进行开拓和探索活动，并且能审视自己对突破式创新战略的执行，那么可以说这家公司在一个创新的环境里运行，而不仅仅是单纯地进行创新。

3. 我们的创新大本营

前面章节用气态、液态和固态三种不同的物质形态来比喻对待创新的不同态度和心境。气态和固态常常格格不入。为了解决不同状态之间的矛盾，一些公司将突破式创新部门在组织架构上与其他部门分隔开来。这种"内部孵化"的做法存在两种主要风险：第一种风险是部分组织的创新倾向会将真正的创新扼杀；第二种风险是所谓的创新只是在克隆母体，而不是产生新事物。没有任何真正的创新策略可以让公司的管理层安心，创新团队最好用一个相似的产品来给管理层做介绍。与完全创新相比，用一个已知实物的新版本显然会面临较小的风险和挑战，因为你并不需要去追逐彩虹。让我们回顾第一种风险，了解为什么创新会被组织自身扼杀。大家都知道，胎儿在母亲体内的生长会干扰到母亲的正常生活。即将出生的孩子对母亲来说像个外星人，如果他/她的生长已经严重影响到母亲的健康，出于对自身安全的顾虑，母亲可能会拒绝生下这个孩子。在整个进化过程中，生物对入侵者的攻击或保护常常保持着这样一种微妙的平衡。在创新管理中，你必须在组织发展中保护新生的创新实体。实际上，公司对增长的重视永远多于创新。如果让管理层在短期盈利和长期风险中做出选择，你能想象到他们很快就会做出决定。为了保护创新，这就要求我们在物理或地理上做出分隔（比如设置独立的创新区域），并且用有别于增长管理的方式去管理创新［朗夫勒（Lenfle），2008］。因此，我们要寻找有效衡量创新市场价值的工具来代替传统的绩效指标［关键业绩指标（KPIs）］去考核创新的绩效，从而避免将创新扼杀在萌芽状态！创新在投放市场之初虽然不能带来可观的盈利，但是却有可能改变我们对某种价值的定义。所以改变创新评价体系对于保护创新或者至少在一定程度上保护创新行为显得尤为重要。我们要考虑创新实践到底给消费者带来了什么样的附加价值？为什么原创更有意义？创新的吸引力在哪里？要知道在18世纪末杰姆斯·瓦特和马修·博尔顿发明蒸汽机之前，没人知道它对未来生活的巨大影响。

4. 接纳养子

有一种情况，孩子不是母亲亲生的。对这位母亲来说，孩子在被接纳前就已经存在了。接纳战略并不要求所有的孩子一定是亲生的。就像狩猎是为了当下的生活，而抚养后代是为了将来。比如，许多大集团公司［加勒尔（Garel）和芮玛（Jumel），2005］鼓励风险投资部门监测那些有发展前途的创新初创公司，以便为收购做准备。因为如果那些有前途的小公司在未来获利丰富，那么将来其收购成本会非常高，而且到那时收购失败的可能性也很高。某些行业，比如化工和制药行业一般采纳这样的收购战略。某些地域，比如美国加利福尼亚州的硅谷也鼓励风险投资和众多创新初创企业相结合的战略。初创企业就像一个没有母亲的孩子。因为初创企业定位于生产一个新鲜事物，所以它不会有被内部组织攻击的风险（换句话说，内部没有敌人），但是威胁它发展的是外部环境。初创之后，要想取得长足发展并获得成功，就必须要找一个家境优渥的母亲来领养这个孩子。这个时间不能太早，因为要有一定的资本和规模才会有人愿意领养。初创公司的创新之梦就是要么自己能侥幸存活，要么在每一次灭顶之灾时都有一头母象带着自己穿越沙漠找到水源，就像《奇幻森林》中的莫格利那样知道该如何独自穿越丛林。

5. 借鸡生蛋

这个策略是指将突破式创新外包给一家专门的突破式创新公司来完成。这一策略可以使母体和外部资源合作来开发"全新的产品"或与自己现有的产品不同的"产品"。就像借鸡生蛋一样，一旦这些产品上市，母体可以直接拥有它。这是一个"内外结合"的合作概念，是一个"从内到外"的创新工厂。但是像创新狂公司在这种合作中充当的不是女性角色，它更像是一位男性基因贡献者或一个创新加速器，甚至可以说是一个为其他客户公司培育创新胚胎的培育器。这些公司委托创新狂公司一起对一些基本概念、技术层面的探索进行深入研究和摸索以尝试突破式创新。创新的目标在每次授权讨论中被重新定义、调整、修正，创新狂公司与客户一起进行设计。顺便提一下，因为母体从一开始就参与概念的定义和讨论，她更能接受这个看起来和自己长得不一样的孩子，最终的文化冲击也不会太强烈，因为母体在设计的每个阶段都参与并获得了相关的信息。最后，任何创新的成功都属于母体。由母体公司来推广宣传它们新产品的上市。这种模式对于那些喜欢展示他们创新成果的人士或许难于接受，因为这意味着他们要对自己的成果保持低调。"秘密创新狂"是创新狂公司为商业客户（B2B）而非消费者提供的谨慎高效的创新模式。通过这种模式，外部团队只在创新的播种和初始阶段出现，就像鸟类寻找伴侣搭建爱巢一样，它们共同孕育小鸟出生，之后，雄鸟离去，雌鸟独自抚育小鸟成长。突破式创新公司为客户的创新生成提供了基因，但它们不参与创新后组织的成长，因此保持了自身的灵活性以利于多领域发展。

5.6　跨学科多领域发展

客户找到突破式创新公司是为了寻求多领域发展。注意不要把跨学科和多领域发展混为一谈。跨学科代表在不同的特定主题下交流，每个学科都有自己独到的见解，并且不受交流主题的影响。虽然工程师和设计师们都只擅长自己专注的领域，但是不同学科视角的合并会拓宽整个认知领域。跨学科的合作是指充分利用不同领域的专家们的特长，让他们在一起共事以发挥最大的效用。此种模式在稳定的组织框架和有据可依的设计策略下非常有效。而另一方面，多领域发展则是指改变这些参与者的认知，因为他们不是跨学科的。当你必须面对新问题的时候，多领域发展会帮你打开新的认知领域并建立起相应的专有技能。这些新的认知可能会猛烈动摇他们过去的认知。这一方法通过邀请专家在他们不熟悉的领域工作，去探索发现新问题。比如当电子工程师或其他领域的专家首次进入食品行业时，虽然他们仍然以电子工程师或自己曾经的身份进入，但是他们会遇到新问题，并以全新的视角去看待和解决遇到的问题。因为他们现在是在一个自己不熟悉的领域工作。进一步讲，如果该电子工程师已经对除自己熟悉领域之外的其他多领域进行探索，那他可能在接下来的各个领域有所建树。"对我们的客户来说，我们与他们的专业领域不存在竞争，但是我们已经掌握的其他领域的专业认知可能对他们的创新非常有帮助！"创新狂公司的管理者说。就如同蜜蜂采不同花的花粉一样，我们的最终目的是为了吸引客户。即使是同一种乐器，维也纳的小提琴演奏声音和法国的听起来也不一样。不同地区，不同的组织结构，即使生产同样的产品，它们所代表的文化和功能也不尽相同，就好比同样的小提琴，因为演奏地点不同，演奏效果可能大相径庭。创新狂公司知道如何为客户提供他们喜欢的演奏。在表 5-2 中，T 的横线表明知识的广度，而 T 的竖线则代表对某一特定的认知进行探索的深度。

当需要多领域发展时，创新工厂在内部资源不足的情况下会通过外包来加强对认知（K）宽度和深度的延展。"我们的客户都是各个领域的专家；我们为他们提供丰富的专业知识并保证我们不会与他们竞争。"创新狂公司的管理者总结道。

除了我们上面的介绍外，当然也有别的组织结构或创新战略可以帮助企业解决创新中存在的矛盾问题。我们既没有谈到国家公共部门的作用，也没有涉及将为数众多的私有和公共战略相结合以构成一个适合创新的生态系统。因为并不存在闭合的创新流程，即便开放式创新被诟病过程冗赘，但至今仍是广受推崇的创新模式！开放式创新在物理空间的协同效应及开放式的设计理念（包括第三方创新私人实验室、黑客空间、技术工坊等）正或多或少以模块的形式在虚拟平台上或开放或独自地发挥作用，涉及的领域包括融资、创造力和问题解决等方面。所谓完美的创新组织根本不存在。让我们在本章的结尾再回顾一下两个创新方面的主要原则。第一条原则是同一个组织不需要同时完成开拓和探索。第二条原则是适合创新的组织不一定必须来自公司内部。创新工厂需要有一个有利于突破式创新的强大关系网，才能将那些受困于自己专业条件的公司与创新紧密联系在一起。

表5-2 T形

被关注的手表：互联智能手表或者手腕上的创新战争

接下来会发生什么呢？成功地完成一个突破式创新并不意味着大功告成，从此可以高枕无忧。因为即使曾经"声名鹊起"，但这种关注度会随着时间的推移在大众视野中持续减弱。在未来即将被彻底改变的时候，在本书的最后，让我们重回制表业这一主题扪心自问：制表业面临的新问题会是什么？这个行业发生了什么？手表制造商针对行业发生的巨变做了哪些响应？如今的制表业要设计什么样的产品才能吸引消费者的眼球？什么才是这一行业的新视野？如果我们设计的手表不受欢迎，那么就没有必要生产销售它。虽然戴在我们每个人手腕上的手表有一定的历史，但是到了 21 世纪初，手表的价值已经远远超越它原来的功能。我们现在佩戴的智能互联手表已经等同于一部便携式电话，或一个复杂但又小巧精准的电子系统将我们和世界及时间相连。可以说在手表行业最好的创新方式就是做一款设计精良又融入现代科技发展和管理理念的智能互联手表。

斯沃琪手表曾经辉煌的历史证明了什么是真正意义的成功，但是现在已鲜有手表不走下坡路。当今制表业的创新活动正在不同的地点以不同的方式进行。三星和苹果公司既不熟悉制表业的传统也不懂瑞士手表，但是却发明生产出广受欢迎的智能手表。其他一些公司，比如索尼、联想、高明、LG 也相继推出自己的智能手表，并进入制表业。制表业在过去也被重新改造过好多次，从用沙漏来告知时间到时尚手表。万物互联的概念正在急剧增长。根据 FMI（Future Market Insights）2022 年 12 月的报告，万物互联（IoE）市场预计将出现温和增长，在预测期间（2022 年~2030 年）可实现 15.2% 的年复合增长率，预计 2022 年底达到 1.1 万亿美元，2030 年将达到 3.3 万亿美元。目前 IoE 市场应用情况：智能家居、移动和可穿戴设备、无人汽车、电动汽车、智慧城市等。手表作为最具代表性的产品去诠释万物互联带来道德（伦理）和环境上的转变。智能手表是戴在手腕上的高科技产品，它由一个 IP 地址来定义，涵盖功能众多的应用，连接着不同的用户甚至虚拟平台。如果在 20 世纪 80 年代就出现智能手表的话，那时所谓的智能手表只能实现一些简单的功能，比如将数据相加求和或进行简单的日程管理。真正意义的智能手表出现在 2010 年初。根据 Strategy Analytics 2022 年 10 月最新的可穿戴设备研究显示，智能手表的销量在 2022 年全年实现 17% 的年增长率，预计这种强劲的增长势头将一直持续到 2027 年。2022 年上半年全球智能手表出货量为 6370 万块。智能手表能让我们看到一个新兴市场的诞生还仅是一个稍纵即逝的小创意？在创意之初，由于受现有发展趋势的影响，人们往往很难去判断这个创意是否有效。可以看到这几年智能手表发展得越来越好。我们的目的不是为了参与这一热门话题的讨论，而是在又一次紧要的关头去严肃认真地考虑如何设计智能手表并赋予它新的功能。

从一个平行世界到一个互联世界

　　时间在被准确测量之前就已经被观测到。在夏季，由于白天时间长，所以人们的工作时间也长。许多世纪以来，人们通过日晷的阴影来测量时间。用自然的周期来确定不同的时间段，比如白天和黑夜为一个周期，四季的交替为另一个周期。在中世纪的欧洲，占星术和天文日历似乎只是为证明神的存在。神父负责定义时间并告知前来祈祷的信徒。渐渐地，随着时代的发展，科学时间代替了神的时间，钟表替代了中世纪教堂的大钟和日晷。在 17 世纪，跟随哥白尼的脚步，伽利略支持用机械学来定义时间和对时间进行计算。新的时间定义既符合科学规范又迎合市场需求。时间上的统一让世界贸易活动统一协调起来，为国际化发展做出了重要贡献。时间的测量变得更便捷，即使在海上也能准确地知道时间。制表业的技术在不断向前发展，计时越来越精准。手表的诞生和推广也让 20 世纪资本主义时代里大规模男女同工、约会、赶火车等活动成为可能。

　　手表将我们的日常生活与时间紧密相连，尽管时间本身没有任何意义。随着时代的发展，企业之间或人与人之间的交往越来越密切。我们对协调和智能的要求也越来越高。在 20 世纪 90 年代初期，诺基亚公司开始在通信行业引领创新，他们推出了著名的口号"科技以人为本"。这条标语强调了互联的重要性和人在这其中起到的关键性作用。在公共或私人的世界中，人与人的联系，人与物的联系，数据之间的联系，将整个世界构成一个相互关联的巨大网络。对互联的认知不仅局限于个人（我知道，别人也知道）或集体（每个人都知道），社会学家和 IT 专员将此称之为"全局认知"。通过互联网的作用，我们轻易地实现了点对点一起工作，尽管我们在物理空间上并不同处一室。市场也不再局限于地域的边界，而变得越来越宽广。手机快速融入我们的日常生活［哈姆特（Hartmut），2010］。我们每天在任何地方都无时无刻地收到大量的信息。在智能和数字的世界里，面对当今瞬息万变的市场，我们不禁感叹曾经掌握的复杂的手表机械方面的知识似乎已经没有任何意义了。当然，有些瑞士手表公司的老板们还是将他们的希望寄予奢侈品手表。他们觉得我们既不是千手观音，一个人戴多块手表，也不会在同一个手腕上戴两只手表，一只传统的，一只智能的。可是他们应该看到今天青年人已经不需要戴表来看时间。虽然过去手表和日历同时开发，但是今天智能手机已经把电话、手表和日历的功能关联在一起。有了实时交流，人们不需要像过去那样要提前很久告知对方约会的时间和地点，才能顺利见面。即使在最后一分钟发出邀请，也能顺利找到要见的人。比如在群里发个邀请："我现在在某某地方，有谁想过来跟我一起？"这种竞争最终会影响到我们手腕上佩戴的手表。

手腕上的经济战争

　　一些大公司已经通过设计智能手机彻底改变世界的通信面貌。现在同样的竞争转移到手表行业，而且这场竞争异常激烈。在过去不到十年的时间里，那些高科技巨头通过占领移动电话市场给世界带来剧变。目前他们正在搜寻新的增长点。对于那些拥有强大财力的科技巨头来说，智能互联手表是一个显而易见的选择，它不仅小巧、轻便、利润又高，而且它还能掌握大数据算法，拥有自己的内容平台和开发系统（例如谷歌的安卓手表）。万物互联带来便利的同时也带来了风险。创新公司通过开发新的联网设备，来实现对潜在的大规模市场的经济控制。这些市场包括健康、医疗、通信、家庭自动化、付款、休闲活动等。

　　瑞士该怎样面对如今的竞争格局？瑞士每年都被评为世界上创新最多的国家。几乎每种研发智能手表所需要的科技认知都能在侏罗山地区找到，比如显示技术、小型捕捉器、低功耗无线通信、带电池或不带电池的能源管理系统等。尽管如此，却是硅谷最先发明了带电话功能的智能手表。难道历史要重演吗？在本书第2章，我们已经讲述了20世纪70年代，瑞士制表业面临危机的故事。我们看到瑞士制表业尽管危机重重，但是还好危机只是暂时的。瑞士制表业最终还是在强势攻击下存活下来。今天很明显地看到那些高科技公司已经进入制表业并生产大量智能手表。利用悠久的历史传统和对奢侈品的把握，瑞士制表业可以在这场竞争中采取主动⊖。一旦这些新兴竞争者在钟表市场吹响进攻的号角，瑞士可以立刻予以还击。

　　⊖ 只要智能互联手表被戴在手腕上，它就会依然保留手表的最初功能：手表在历史上曾经是一个护身符，也是一个社会符号。它可以表达自己的恐惧和信仰，代表一种生活方式。因为非常创新的设计和昂贵的价格，智能手表被视为奢侈浮夸的论调还在继续：就像你不需要一定得买一块卡地亚手表来看时间；你同样不需要花上两万美元买玫瑰金的苹果手表来读你的短信。

在 2015 年苹果公司开始公开销售苹果手表的时候，钟表公司的老板们在起初保持中立、沉默⊖和缺乏兴趣，直到他们见到市场格局的巨变才开始一个个地改变主意。泰格豪雅公司与英特尔和谷歌建了合作伙伴关系。盖尔斯、百年灵和斯沃琪也在 2015 年发布了自己的智能互联手表。我们能从这些手表公司和钟表行业的变革中收获什么样的启示呢？

手腕：一个创新的焦点 ⊖

戴在我们手腕上手表的历史并不特别悠久。第一次世界大战末，每位绅士在他们背心的兜里都揣着怀表。直至进入 20 世纪初，手表才从女性的饰品变为军需品（在野外作战时，不管身处什么环境或个人装备如何，读取时间都变得尤为重要）。于是，许多手表除了日常用途外，还开发了许多特殊应用（比如应用在潜水、航空、体育等领域）。智能互联手表也成为人们关注的焦点。

手相学认为人的手腕区域代表运气。传统的珠宝商则深谙戴上首饰后的手腕展现出来的魅力和诱惑。除了上述因素，手腕还是人体中最敏感的部位，它不仅包含了许多神经末梢，还在视觉和触觉上特别容易被感知。这有助于自我沟通。许多技术都利用手腕部位的敏感度来传递信息。比如智能互联手表就是利用手腕部位对身体的其他部位有本体感觉这一功能，通过三维传感器将振动传递到手腕。这样智能互联手表就变成了一根为盲人导路的手杖，一套人工定位系统和一台控制运动的电子工作站。将人体与智能互联手表相连接，再通过在智能手机上开发相应的健康应用软件，你就可以轻而易举地知道自己是否长得漂亮，身体是否健康。智能互联手表可以克服智能手机在跟踪人体健康时遇到的障碍。凭借与皮肤直接接触的生理机能，智能手表将感知到的人体信息通过表带上的传感器直接读取而不再需要手机屏幕。有了智能互联手表，我们可以直接测量并分析身体健康方面的数据（比如脉搏、运动状况等），而且不光表面上的障碍被克服，智能互联手机还可以进行血液检查、视力检查和体温测试等。

互联世界比平行世界更加依赖信息。在海量数据的冲击下，数据的整理和过滤变得尤为重要。每天面对如此丰富的信息，我们迫切需要知道哪些是和我休戚相关的？哪些是我可以忽略不计的？哪些是容我慢慢处理的？哪些是需要紧急处理的？哪些是至关重要的？别担心，智能互联手表会自动处理这些信息。你不用每天看 200 次你的手机，手表（通过屏幕或可视设备）可以将整理好的信息

⊖ 在想得更好之前，斯沃琪集团的老板尼古拉斯·海耶克对集团发出告诫："没有听到一个呼吁推出便携式电话连接到手腕。"

⊖ 1974 年的时候，罗兰·莫雷诺（智能卡的发明者）提交了一个戒指的专利申请。尽管当时他并不知道怎样使用他的发明。但是他的这一发明无疑为日后更多的应用开创了广阔的空间。

（包括广告）传递给你。我们不需要经常看手表，因为系统会自动发送信息。有这种选择性的信息传递方式，我们阅读信息时会更加认真。因为所有发送给我们的信息都是重要或紧急的。比如我们在和别人谈话，手表会听我在说什么并根据事情的紧急程度来决定是否打断我。手表把我们的眼睛从屏幕上解放出来，让我们有机会重新审视社会。

钟表行业的革命

　　智能互联手表并不意味着我们要见证智能手机的消亡，相反，在一种相互依赖的关系基础上，两种便携式的电子设备之间正在建立起新的联系。手表并不用来替代智能手机，就像你也不希望手表变成一个智能电话系统一样。但有时候，基于它有更加智能和完整的系统，并能提供更加简单和便捷的使用体验，智能手表确实是智能手机的一个临时解决方案，比如在慢跑过程中，手表将信息传递给手机上的运动应用软件，从而更好地记录身体状况和运动路线等。另外，可以在一些禁止携带手机的地方临时性地替代手机。还有就是安全方面的考虑，因为手表是直接戴在手腕上的，所以丢失或被盗的风险远低于手机。

　　智能互联手表在不停地进化。它们会随着应用开发商的设计进步而不断发展。它在不停地重塑自己，再生自己，并改变它的耐久度。我们要从生产有耐久度的产品到生产有新特性的产品。一直有新的应用伴随智能互联手表的发展，并且这些新的应用还会继续被应用到更新一代的智能互联手表上。创新源自于应用。但是应用作为照顾创新的"驾驶舱"会比创新的周期更有可持续发展性。钟表业已经从对机械技术的依赖逐渐过渡到对电子和算法的应用。智能互联手表已经大量展示了设计的"认知（K）"基础。新一代手表的创新生产者不仅要把数学家、电子工程师、微机械工程师、设计者和市场专家紧密联系到一起，还要整合测试并自己动手制造速成模型（DIY）。为了更好地生存和发展，钟表业的新一代创新者需要大量的培训并关联创新生态系统。网络社会的到来和万物互联的状态改变了原有的品牌定位和分销渠道，并在设计上要求突破。由此产生的巨大创造力和普通人创造自主性的提升使新一代的产品能更好地调节自身以适应社会多元化和个性化的需求。

　　我们在撰写本书的时候世界正在经历巨变。从突破式创新中学到的主要结论之一就是它允许我们不断回顾在我们周围发生的一切改变。在万物互联的大环境下，钟表业面临的挑战需要重新定义新用户和新应用。好的创新会带来令人惊奇并超出预期的结果。手表经历了从揣在口袋里到戴在手腕上的变革。现在它正在手腕上继续发生变革。谁知道结果会怎样呢？也许它最终成为衣服或人体的一部分。发明家们正花时间去思考未来的手表，期待他们的发明给手表生产商和消费者们带来的转变。

工作中的创新

如果创新既是创新行动又是行动本身的结果，那么本书更多着力于对创新流程的介绍。创新是一系列相对独立，具有鲜明特点的特定活动产生的结果。创新活动可以被管理。因此，怎样进行创新？有效管理或阻碍创新的行为是什么？传统的创新管理方法已经回答了这些问题（见下表）。

表　如何进行创新？创新管理的传统方法

- 单打独斗，成果单一，无可复制
- 专家参与的成果，如工程师、市场专家、设计师等合作参与创新项目
- 精彩又原创的创新想法
- 汇聚人才，进行指导并做出决定
- 在尝试和错误失败中进步
- 科学技术的广泛应用：在研发过程中投入基础研究及应用研究
- 符合客户需求和预期的创意
- 吸引公众眼球
- 创业和内部创业
- 项目管理
- 公司风险投资、试点、并购和创新孵化

所有的创新方法在管理上都受到两个完全不同概念的影响：即以规则为基础还是以创新为基础［勒马森（Le Masson）、威尔（Weil）和赫琪尔（Hatchuel），2007］。企业在寻求发展的过程中，要么持续不断地改进，要么进行一场彻底的变革；要么停留在渐进式创新，要么冒着风险进行激进式创新；要么与时俱进地改进产品的特性，要么墨守成规，坚持己见。即使这是两种截然不同的创新管理方法，也不要根据自己的主观价值判断将它们对立起来（比如，想当然地认为创新模型一定比规则模型更好或更有创意），而应该考虑怎样同时使用这两种创新方法为企业服务。

实际上，以规则为基础的创新管理模式原则上不会产生突破式创新。要取得

突破式创新，你必须时刻保持概念与相关认知之间的匹配。太阳马戏团招聘了许多工程师做艺术家，将我们的梦想变成现实，从而在马戏界造成了革命性的影响。同样，斯沃琪集团聘用了为数众多的创新工程师与设计工程师共同开发创造他们的产品。这就是为什么我们要摒弃关于创新的陈词滥调。那些东西不能带来划时代意义的创新，最多只会让工厂获得一些简单的创新成果或者只是收获大量已知的认知。说实话，创新不仅需要"创新人士"从概念方面提出创新，也需要"博学人士"从认知方面来帮助共同完成创新。根据国立巴黎高等矿业学院的 C-K 理论，我们已经能够分辨出概念和认知的区别。同时，围绕两者之间如何在设计过程中产生相互促进作用的原理也在本书中得到解释。概念是那些吸引我们的未知事物，让我们忘记脑子里那些所谓"这才是我想要的"的条条框框。通过将概念具象化的过程，我们得以发挥想象甚至展开梦想。而认知往往止步于那些已经被证明的规律或者止步于那些已经被认为合理的事实。我们并不会因为能创新而显得与众不同，也不是只有少数高智商者才能创新。C-K 突破式创新设计理论让认知推动了对概念的展开和阐述。反之亦然，新概念也促进了新认知和新设计能力的出现。以斯沃琪手表为例，我们看到，正是因为制造廉价手表的概念才使得对某种塑料工艺的认知彰显用处。进而，这个新概念又继续推动了相关认知从塑料领域延伸到市场推广领域和设计领域。概念和认知之间的相互调和情况虽然复杂但是可控。我们在这里需要解释的是：可控不是指创新流程可控而是指创新流程的可预见性。当然，没有任何一个组织能事先就确认某个激进的创新想法一定能获得成功。但是如果不能调和概念与认知之间的关系，我们将永远不能达到创新的目标。这也是在本书第 4 章中我们提到的液态精神状态：我们必须保留概念和认知之间交互作用的空间和核心要素。

当你执行激进创新时，你必须勇往直前。也就是说，你需要从做准备、写计划、定期望的状态中快速进入"行动状态"。后者往往和脚本、原型设计、跟进、试验等一系列行动联系在一起。总体来说，你应该行之有效地将这些流程付诸行动。我们回顾一下默克交给托姆的斯沃琪手表的原始草图。那张简单的草图之所以能引起托姆的共鸣，是因为托姆掌握一定的手表制作的专业认知，他能读懂那张草图，同时也是因为他脑海里已经有一个类似的手表的概念，所以他才能想象出这张草图的巨大意义和可执行性。对于创新者来说除了新奇的想法，更重要的是你必须有能力很好地表现出你所要设计的产品。这个表现物可以是一张图纸一款模型或一个实际抑或虚拟的样品等。在创新工厂，这些表现物已经实现了其基本功能，它们代表了那些暂时还不存在、尚未定稿或者还没有上市的设计产品的原型。这些原型可以帮助设计师们验证或预先了解将来如何制造、控制、测试，或者模拟出所要设计的产品。创造出看得见摸得着的原型是表现物的一种特殊模式。对设计师来说，有了这样的一个表现物就可以更明确"什么是已经确定的"和"什么是不言而喻的",并在两者之间完成互换。同样的道理,假如音乐老师在照着曲谱架上的乐谱演奏,那么他正在给学生们演示什么是他希望学生们来演奏的。认知或者概念只有被准确表达,被大众广为接纳而不仅仅为取悦少数人才有存在和发展的意义。"在我们脑海里构思出一款非同凡响的手表!那好,就让我们看看你有多能干"。我们知道这时候仅仅使用文字或者语言来描述我们的想法是远远不够的,我们需要将创意具体化,形象化。这种表现创意的方式可能是一张绘制好的草图,或拍的照片,或做好的声音小样,也可能是用橡皮泥或者其他材料做成的速成品抑或是用计算机模拟出来的虚拟实物。换句话说,我们可以用这样的速成样品或虚拟实物来具象化地展示出"我们脑子里的创意",它们可以帮助人们通过听觉、触觉和视觉来理解我们的创意。日本学者野中郁次郎(1994)将"具体化"定义为将一个"不言而喻的"的认知(即只知其然而不知其所以然的认知)转化为"明确清晰的"认知的整个转变过程。创新行为需要头脑清晰的表达方式;突破式创新设计行为鼓励在现场和实践时完成沟通。我们都明白向客户咨询激进创新的问题是没有任何意义的,因为他们自己根本不知道自己想要的是什么,但不咨询客户并不意味着我们要终止这个创意。"我不知道什么是我想要的,直到看到实物我才能告诉你"[托姆(Thomke)与贝尔(Bell),2001],"这的确就是我让你开发的东西但和我想要的还有差距"[托姆(Thomke),2001]。

作为一个有影响力的管理者,面对激进式创新活动带来的干扰和不安,不光自己不要花太多时间和精力去过多顾虑潜在的风险,你还要尽力与那些总是希望规避风险,一定要看到乐观的财务分析报告才肯支持创新的主管们做抗争。我们以斯沃琪手表的分销来举例:尽管在当时的瑞士,所有零售商拒绝销售斯沃琪塑料手表。但是默克和 ETA 集团没有被偏见所限。他们转而开始在百货商城、运动商店、大型折扣商场等场地销售斯沃琪手表。由此可见,对事物做过多的预判会阻碍创新行为。就一个开发项目而言,即使没有一个明确的目标,我们也要相信目标终将伴随学习的过程而逐步达成。在激进创新活动中,之所以勇往直前比按部就班更受推崇是因为我们当时根本不知道我们要做什么,但是我们要尽可能尝试所有的方法并进行相应的调整。值得推荐的是我们可以将勇往直前和按部就班相结合。同样的道理也适用于学习的过程,因为世间万物在道理上是相通的。学习的过程包括探索、试验、积累、培训、分享、研究等。

我们已经描述过创新狂公司的管理规则,创新狂公司是由一位气体状态的创新者成立的突破式创新公司。他曾对固体状态感到绝望。创新狂公司的团队由多学科的专家组成。在过去超过三十年的时间里,他们所做的事情就是致力于为客户或他们自己想出并找到新的设计方法。的确,创新行为是可以复制的!要懂得如何找到其中的干扰因子，明白如何辨别认知和概念之间的不同，了解如何维持活跃的精神状态，知道如何在创新的气态、液态和固态的相互转化中完成从探索到开发，继而掌握并收获和孕育新的认知和概念。如果能将上述行为坚持到底，在探索过程中不断调整。那么你终将能成功地培育出璀璨的创新之果。创新的道路崎岖不平又困难重重，但是，永远不要放弃！我们希望本书能向你证明突破式创新是一门可以被掌握的艺术。

参 考 文 献

Amabile, T. M. *Creativity in Context: Update to the Social Psychology of Creativity.* Boulder: Westview Press, 1996.

Argyris, C. and Schön, D. A. *Apprentissage organisationnel. Théorie, méthode, pratique.* DeBoeck Université, 1996.

Benghozi, P. J., Charue-Duboc, F., and Midler, C. *Innovation Based Competition & Design Systems Dynamics.* L'Harmattan, 2000.

Brion, S., Fabre-Bonte, V., and Mothe, C. "Quelles formes d'ambidextrie pour combiner innovations d'exploitation et d'exploration?" *Management International* 13, no. 3 (2008).

Carrera, R. *Swatchissimo, l'extraordinaire aventure de la Swatch.* Antiquorum Éditions, 1991.

Chanal, V. and Caron-Fasan, M. L. "The Difficulties Involved in Developing Business Models Opened to Innovation Communities: The Case of a Crowdsourcing Platform." *Management* 13, no. 4 (2010): 318–341.

Chapel, V. "Tefal: un modèle de croissance intensive." *Entreprises et Histoire* 23 (1999): 63–76.

Chesbrough, H. W. "The Era of Open Innovation." *Sloan Management Review* 44, no. 3 (2003): 35–41.

Choulier, D. *Comprendre l'activité de conception.* Université Technologie Belfort Montbéliard, 2009.

Choulier, D., Forest, J., and Coatanéa, E. "The C-K Engineering Design Theory: Contributions and Limits." Proceedings of the 22nd International Conference on Design Theory and Methodology, Montréal, Québec, August 15–18, 2010.

Christensen, C. *The Innovator's Dilemma.* Harvard Business School Press, 1997.

Cohendet, P., Llerena, P., and Simon, L. "The Innovative Firm: Nexus of Communities and Creativity." *Revue d'Economie Industrielle* 129–130 (2010): 139–170.

Danesi, M. "Marques suisses, Swatch: Le mythe des origines." *Domaine Public* 27 (mai 2005). Accessed from http://www.domainepublic.ch/articles/1217.

David, A. "Décision, conception et recherche en sciences de gestion." *Revue française de gestion* 3, no. 139 (2002): 173–185.

Donzé, P. Y. *Histoire de l'industrie horlogère suisse. De Jacques David à Nicolas Hayek (1850–2000).* Neuchâtel: Éd. Alphil, 2009.

Drucker, P. *Management: Tasks, Responsibilities, Practices.* New York, NY: Harper & Row, 1974.

Duncan, J. and Fitzpatrick, L. *Avatar.* Éditions de l'Archipel, 2010.

Ellul, J. *La Technique ou l'enjeu du siècle.* Economica, 1990.

Elmquist, M. and Segrestin, B. "The Challenges of Managing Open Innovation in Highly Innovative Fields: Exploring The Use of the KCP Method." Euram conference, Track: 14. Innovation—Continuing the Journey, Liverpool, 2009.

Fiell, C. and Fiell, P. *Design Industrial*. Taschen, 2006.

Gabarro, J. and Zehnder, D. "Nicolas G. Hayek." Harvard Business School case, June 17, 1994, 9-495-005.

Garel, G. and Jumel, S. "Les grands groupes et l'innovation: définitions et enjeux du corporate venture." *Finance Contrôle Stratégie* 8, no. 4 (déc 2005): 33–61.

Garel, G. and Crottet, D. "Innover ou gaspiller, la révolution simple du lavage des mains." *Impertinence*, La Documentation Française, 2011, 105–114.

Godelier, E. "Est-ce que vous avez un garage? Ou discussions d'un mythe international de la culture managériale." In *Le Meilleur de la stratégie et du management*, edited by Benghozi, P. J. and Huet, J. M., 74–77. Pearson, 2009.

Hargadon, A. "Knowledge Brokering: A Network Perspective on Learning and Innovation." In *Research in Organizational Behavior*, edited by Staw B. and Kramer R. JAI Press, 2002, 21, 41–85.

Hartmut, R. *Accélération? Une critique sociale du temps*. La Découverte, 2010.

Hatchuel, A., Le Masson, P., and Weil, B. "Design Theory and Collective Creativity: A Theoretical Framework to Evaluate KCP Process." XVII International Conference on Engineering Design, Stanford University, 2009.

Hatchuel, A., Le Masson, P., and Weil, B. "C-K Theory in Practice: Lessons from Industrial Applications." 8th International Design Conference, Dubrovnik, May 2004, 245–257.

Hatchuel, A. and Weil, B. "Pour une théorie unifiée de la conception, Axiomatiques et processus collectifs." CGS Ecole des Mines / GIS cognition-CNRS, Paris, 1999, 1–27.

Hatchuel, A. and Weil, B. "La Théorie C-K: fondements et usages d'une théorie unifiée de la conception." Lyon: Colloque Sciences de la Conception, 2002.

Hatchuel, A. and Weil, B. "A New Approach of Innovative Design: An Introduction to C-K Design Theory." ICED'03, Stockholm, Sweden, 2003.

Hayek, N. G. *Au-delà de la saga Swatch—Entretiens d'un authentique entrepreneur avec Bartu Friedemann*. Albin Michel, 2006.

Koller, C. *L'Industrialisation et l'État au pays de l'horlogerie. De la lime à la machine*. Courrendlin: Éditions CJE, 2003.

Komar, D. and Planche, F. *A Guide to: Swatchwatches*. OTWD On Time Diffusion SA, 1995.

Le Bé, P. "Nicolas G. Hayek, de l'énergie pour un siècle." L'Hebdo, 30 juin 2010.

Le Masson, P. *Management de l'innovation et théories de la conception: nou-*

velles rationalités, nouveaux principes d'organisation, nouvelles croissances. Habilitation à diriger des recherches, Université Paris Est, 2008.

Le Masson, P., Hatchuel, A., and Weil, B. "Creativity and Design Reasoning: How C-K Theory can enhance creative design." *International Conference on Engineering Design, ICED'07*, Paris, 12, 2007.

Le Masson, P., Weil, B., and Hatchuel, A. *Les Processus d'innovation—Conception innovante et croissance des entreprises.* Hermès, 2006.

Le Masson, P., Weil, B., and Hatchuel, A. *Strategic Management of Design and Innovation.* Cambridge University Press, 2010.

Lenfle, S. "Exploration and Project Management." *International Journal of Project Management* 25, no. 6 (2008): 469–478.

Maniak, R. and Midler, C. "Shifting From Co-development Process to Co-innovation." *International Journal of Automotive and Technology Management* 8, no. 4 (2008): 449–454.

March, J. G. "Exploration and Exploitation in Organizational Learning." *Organization Science* 2, no. 1 (1991): 71–87.

Moon, Y. "The Birth of Swatch." Harvard Business School case, 2004, 0-504-096.

Müller, J. and Mock, E. "Eine Revolution in der Uhrentechnik." *Neuen Zurcher Zeitung.* 2 mars 1983.

Nonaka, I. "A Dynamic Theory of Organizational Knowledge Creation." *Organization Science* 5, no. 1 (February 1994): 14–37.

Oslo Manual. *Guidelines for Collecting and Interpreting Innovation Data,* 3rd ed. 2005, 10.

Pasquier, H. *La "Recherche et Développement" en horlogerie. Acteurs, stratégies et choix technologiques dans l'Arc jurassien suisse (1900–1970),* Neuchâtel: Alphil, 2008.

Pinson, C. and Kimbal, H. *Swatch, Insead Case Study* 5, 1987.

Simon, H. *Les Sciences de l'artificiel.* Gallimard, 2004.

Taylor, W. "Message and Muscle: An Interview with Swatch Titan Nicolas Hayek." *Harvard Business Review,* March–April 1993, 99–110.

Thomke, S. "Enlightened Experimentation: The New Imperative for Innovation." *Harvard Business Review,* February 2001, 67–75.

Thomke, S. and Bell, D. E. "Sequential Testing in Product Development." *Management Science* 47, no. 2 (February 2001): 308–323.

Trueb, L. *The World of Watches: History, Technology, Industry.* Ebner Publishing International, 2005.

Trueb, L. "Eine Idee aus Plastic erobert die Welt." *Neue Zürcher Zeitung.* 4 avril 2008.

Trueb, L. Discours en l'honneur des lauréats du prix Gaïa 2010, Elmar Mock et Jacques Müller, 16 septembre 2010.

Tushman, M. L. and Radov, D. "The Rebirth of the Swiss Swatch Industry,

1980–1992 (A)." Harvard Business School case, 2000, 9-400-087.

Utterback, J. L. and Abernathy, W. J. "A Dynamic Model of Process and Product Innovation." *Omega, The International Journal of Management Science* 3, no. 6 (1975): 639–656.

Von Hippel, E. "Lead Users: A Source of Novel Product Concepts." *Management Science* 32, no. 7 (July 1986): 791–805.

Wegelin, J. *Mister Swatch: Nicolas Hayek und das Geheimnis seines Erfolges.* Éditions Nagel & Kimche, 2009.